Unsicherheit Familiengründung

Eine empirische Analyse zur Bedeutung von finanziellen Ressourcen für den Kinderwunsch und die Timingintention der ersten Elternschaft

Bastian Mönkediek

Unsicherheit Familiengründung

Eine empirische Analyse zur Bedeutung der finanziellen Ressourcen für den Kinderwunsch und die Timingintention der ersten Elternschaft

2. erweiterte Auflage

Verlag Dirk Koentopp

Mönkediek, Bastian:
Wenn die Entscheidung fürs Kind zum Problem wird
Eine empirische Analyse zur Abhängigkeit der Timingintention der ersten Elternschaft von Elementen biographischer Sicherheit
2. erweiterte Auflage
Osnabrück: Verlag Dirk Koentopp, 2011
ISBN 978-3-938342-22-0

ISBN 978-3-938342-22-0

Herstellung: Books on Demand GmbH

Printed in Germany

Inhaltsverzeichnis

Vorwort

Der vorliegende Forschungsbericht stellt eine Voruntersuchung zu der unter dem Titel „Wenn die Entscheidung fürs Kind zum Problem wird" veröffentlichten Forschungsarbeit dar und entstand ursprünglich im Rahmen eines im Studium integrierten Forschungsprojektes an der Universität Bremen.

Die Arbeit beschäftigt sich mit dem häufiger thematisierten Problem der Bedeutung finanzieller Ressourcen und deren Bewertung für den Kinderwunsch sowie der Timingintention einer ersten Elternschaft. Denn vielfach wurde bereits in verschiedenen Forschungsarbeiten darauf hingewiesen, dass sich die abnehmende Geburtsrate in Deutschland vor allem über die hohen Kosten einer Elternschaft bzw. der Aufschub einer Elternschaft auf Basis einer unsicheren Einkommenslage erklären ließe (vgl. z.B. Friedmann, Hechter & Kanazawa 1994; Kreyenfeld 2008). Dabei konnte zudem gezeigt werden, dass vor allem eine geglückte Etablierung am Arbeitsmarkt sowie ein ausreichendes Einkommen zu einer wichtigen Grundvoraussetzung für eine Elternschaft geworden ist (vgl. Brose 2008).

Welche Rolle die finanziellen Ressourcen sowohl im Rahmen des generellen allgemeinen Kinderwunsches als auch im Falle der Timingintention der ersten Elternschaft spielen, soll die vorliegende Arbeit erneut zeigen.

Ich widme diese Arbeit Prof. Dr. Reiner Niketta, dem ich viel zu verdanken habe: meine Begeisterung für die Wissenschaft und mein Interesse für die empirische Sozialforschung.

gez. Bastian Mönkediek

1. Einleitung

Jeder ist seines eigenen Glückes Schmied – eine Aussage mit scheinbar mehr und mehr wahrem Gehalt vor dem Hintergrund, dass die lebenslaufbezogenen Wahlmöglichkeiten der Menschen gestiegen sind[1] (Huinink & Konietzka 2007: 160). Doch betont sie zugleich auch die Eigenverantwortung eines jeden Menschen, für sein Glück und seine Zukunft selber zu sorgen. Eine Eigenverantwortung die vor dem Hintergrund der größer gewordenen Optionen in der Lebenslaufplanung eine bedeutende Gefahr birgt: die Möglichkeit sich zwischen den vielfältigen Optionen falsch entscheiden zu können und so mögliche unerwünschte Konsequenzen und Kosten[2] einzugehen (vgl. 2.2.1).

In besonderem Maße sind von dieser Gefahr die Entscheidungen[3] zur Familiengründung betroffen, da sie in hohem Maße den 'Sinn des eigenen Lebens' strukturieren und aufgrund ihrer Natur in ihren Ergebnissen und Folgen für den späteren Lebenslauf besonders schwer vorherzusehen und schwer zurückzunehmen sind (Huinink & Konietzka 2007: 162; Huinink 1995: 295; Onnen-Isemann 2003: 105; Burkart 1994:248-249). Denn die Geburt eines Kindes - als Kernelement der Gründung einer Familie - bedeutet für ein Paar eine langfristige Festlegung mit allen Konsequenzen und vor allem möglichen Kosten für den weiteren Lebensverlauf (Peuckert 2005: 131; Huinink 1995: 295). Problematisch dabei ist vor allem die Tatsache, dass die Kosten einer Familie (bezogen auf die Versorgung und der Erziehung der Kinder) in unserer Gesellschaft recht hoch sind und sich nur schwer abschätzen lassen (Burkart 1994: 247-248). So können Kinder in Deutschland als ein finanzielles Armutsrisiko gelten - wie z.B. Günther (2002) im Rahmen seiner Untersuchung der finanziellen Situation von Familien auf Basis der

[1] Damit sei noch nichts darüber ausgesagt, dass diese gestiegenen lebenslaufbezogenen Wahlmöglichkeiten allen Menschen in gleichem Maße zur Verfügung stehen. Hier merkt Burkart (1994) zurecht an, dass dies nur auf bestimmte Gruppen in der Gesellschaft zutrifft und z.B. bei Frauen „stark vom Bildungsniveau und der sozialen Milieuzugehörigkeit ab[hängt]“ (Burkart 1994: 191-192).

[2] Mögliche Kosten sind z.B. die Beschränkung des weiteren Lebenslaufes, aber auch monetäre, zeitliche oder emotionale Belastungen.

[3] Entscheidungen seien dabei dadurch charakterisiert, dass einem Individuum mehrere Handlungsmöglichkeiten zu Verfügung stehen, die sich gegenseitig „zumindest zur gleichen Zeit“ ausschließen, so dass nur eine realisiert werden kann (vgl. Burkart 1994: 72).

Daten des Familiensurvey 2000 bereits aufgedeckt hat (Günther 2002: 259-260). Daneben verringern sich für Frauen durch eine Schwangerschaft und die Gründung einer Familie die Chancen auf dem Arbeitsmarkt und schränken so den späteren Lebenslauf in seinen Optionen erheblich ein (Borchardt & Stöbel-Richter 2004: 50-51). So kann ein Kind/eine Schwangerschaft das Risiko mit sich bringen, dass ein Widereinstieg in das Berufsleben verwehrt wird (Borchardt & Stöbel-Richter 2004: 50-51). Eine Familiengründung erzeugt also sowohl biographische, als auch ökonomische Unsicherheiten (Kreyenfeld 2008: 232).

Es verwundert daher nicht, dass vor diesem Hintergrund immer mehr Paare in Deutschland kinderlos bleiben oder die Entscheidung der Gründung einer Familie ins höhere Lebensalter aufschieben (Huinink & Konietzka 2007: 98; Borchardt & Stöbel-Richter 2004: 61). Dies ließ das Durchschnittsalter der Frau bei der Geburt ihres ersten Kindes in Deutschland auf mittlerweile ca. 29 Jahre ansteigen (Huinink & Konietzka 2007: 83). Gleichzeitig nahm die Zahl der endgültig kinderlosen Frauen zu und die Anzahl der Kinder pro Frau ab (Onnen-Isemann 2003: 98-99; Borchardt & Stöbel-Richter 2004: 61). Das Resultat dieser Entwicklung ist eine Abnahme der Reproduktionsrate der Gesellschaft in allen Schichten und Regionen Deutschlands (Borchardt & Stöbel-Richter 2004: 5).

Dabei geht die Fertilitätsrate jedoch nicht gegen Null, sondern hat sich bei vielen Frauen mit einer Kinderzahl von ein bis max. zwei Kindern eingependelt (vgl. Mikrozensus 2008: 7-11; Friedmann, Hechter & Kanazawa 1994: 380). Auch heute noch wird der Familie ein hoher Stellenwert beigemessen (Peuckert 2005: 130). Zudem lässt sich nachweisen, dass das Ausmaß an tatsächlich gewünschter Kinderlosigkeit eher gering ist bzw. Kinderlosigkeit im Kontext des Lebenslaufes nicht früh geplant wird (vgl. Kühn 2004: 252; Schröder 2007: 396; Huinink 2001: 147). Und dennoch können sich heute viele Menschen ein Leben auch ohne Kinder vorstellen (Peuckert 2005: 130).

Familie und damit auch Elternschaft besitzt also einen hohen Stellenwert[4], sie ist jedoch nicht mehr selbstverständlich und wird im Lebenslauf nicht immer zwingend umgesetzt. Doch kann die Tatsache, dass sich viele Personen nicht mehr unbedingt

[4] Sie ist ja auch auf ihre Kosten bezogen teuer (vgl. Burkart 1994: 247-248) und könnte dem Verständnis nach dadurch mehr Wert sein.

für eine Elternschaft entscheiden bzw. die differentielle Fertilität auch auf das Vorhandensein finanzieller Ressourcen bzw. auf ökonomische Unsicherheiten zurückgeführt werden?

Friedmann, Hechter & Kanazawa (1994) stellen dazu fest, dass sich gerade über die Wahrnehmung der hohen Kosten eines Kindes das Abnehmen der seit Jahren sinkenden Fertilitätsrate erklären ließe (Friedmann, Hechter & Kanazawa 1994: 380). Auch Borchardt und Stöbel-Richter (2004) finden in ihren Untersuchungen einen Zusammenhang von Ressourcen und der Fertilitätsrate. Sie stellen fest, dass eine Familiengründung normalerweise erst eingegangen wird, wenn ausreichend Ressourcen vorhanden sind (Borchardt & Stöbel-Richter 2004: 51).

Auf der anderen Seite ist jedoch zu hinterfragen, ob alleine finanzielle Ressourcen für das Entscheidungsverhalten der Menschen in diesem Kontext ausschlaggebend sind bzw. welche Bedeutung ihnen genau zukommt. Denn trotz sinkender Fertilitätsraten hat sich die Einkommenssituation der Menschen im Allgemeinen verbessert (Robinson 1997: 64). Der Einfluss der ökonomischen Ressourcen sollte zudem differenziert betrachtet werden. Bezogen auf ökonomische Unsicherheiten kommt beispielsweise Kreyenfeld (2008) zu dem Ergebnis, dass sich zwar eine subjektiv empfundene ökonomische Unsicherheit auf die Fertilität negativ auswirkt, doch unterscheidet sich dieser Effekt je nach Bildungsstand einer Person (Kreyenfeld 2008: 250). So neigen Frauen mit niedrigem Schulabschluss im Falle empfundener ökonomischer Unsicherheit dazu eine Elternschaft eher umsetzen. Eine Strategie die auf fehlende berufliche Perspektiven zurückgehen könnte, in der die Elternschaft als biographische Alternative gesehen wird (Kreyenfeld 2008: 250). In diesem Fall liefern Kinder den Akteuren also einen entsprechenden Nutzen: biographische Sicherheit (Friedmann, Hechter & Kanazawa 1994: 381).

Gerade auch der zweite Aspekt spricht dafür, dass neben den finanziellen Ressourcen und deren Bewertung, auch die Einstellungen der Menschen zu Kindern berücksichtigt werden sollte. Diese ergeben sich dabei nicht nur aus Ressourcenabwägungen auf Basis der eigenen sozio-ökonomischen Lage, sondern können z.B. auch auf den Einfluss sozialer Netzwerke zurückgehen, die die Akteure in ihren Werten und Einstellungen beeinflussen (Bernardi et al. 2006: 359). Auch solche

Einflüsse gilt es daher zu berücksichtigen, will man das Entscheidungsverhalten der Menschen in diesem Kontext verstehen.

Wie bereits anhand dieser wenigen Beispiele erkennbar wird, ist es eine komplexe Aufgabe spezielle Verhaltensweisen wie die der Familiengründung genau zu analysieren (vgl. Ajzen 1991: 180-181). Ziel der vorliegenden Forschungsarbeit ist es die Abhängigkeit der Entscheidung zur Elternschaft vom Vorhandensein ökonomischer Ressourcen erneut nachzuweisen und die Bedeutung von finanziellen Ressourcen für die Fertilitätsintentionen zu klären. Um dies zu leisten, und die Komplexität der Aufgabe zu berücksichtigen, findet ein auf der Basis der *'Theorie geplanten Verhaltens'* entwickeltes Untersuchungsmodell Anwendung, in dem die bisher benannten Hintergrundaspekte (Einstellung der Menschen zu Kindern, Bildungshintergrund, Netzwerkeffekte), berücksichtigt werden. Das verwendete Untersuchungsmodell wird dabei sowohl zur Erklärung des Kinderwunsches, aber auch zur Analyse der Timingintentionen der ersten Elternschaft, herangezogen. Als Datenbasis dient der Familiensurvey 2000 (vgl. 3.2.1). Daneben werden die Daten einer Befragung von Studierenden an der Universität Bremen betrachtet, die den vorhandenen Datensatz um fehlende Variablen ergänzen sollen, die ebenfalls von Bedeutung sein könnten (vgl. 3.2.2).

Bevor jedoch im Folgenden die Grundlagen des Untersuchungsmodells entwickelt werden, wird im Kontext des theoretischen Hintergrund der Arbeit aufgezeigt, welche Bedeutung finanzielle Ressourcen im Kontext der gewachsenen Lebenslaufoptionen einnehmen und so ihre Bedeutung im Rahmen der hier betrachteten Entscheidung begründet. Dies dient vor allem dazu, um im späteren Verlauf der Arbeit die Hypothesenbildung zu untermauern. Im Anschluss an diesen ersten Teil der Arbeit, wird dann im zweiten Teil die allgemeine Forschungsfrage nochmals präzisiert, der Untersuchungsaufbau und die zu untersuchenden Hypothesen, sowie die dazu verwendeten Datensätze genauer vorgestellt. Die einzelnen aus den Datensätzen verwendeten Variablen werden schließlich im dritten Teil der Arbeit in einer univariaten Analyse dargestellt und anschließend auf ihre Zusammenhänge hin im vierten Teil der Arbeit überprüft. Am Schluss werden dann die empirischen Ergebnisse im Bezug auf die Fragestellung der Untersuchung zusammengefasst und diskutiert.

2. Theoretischer Hintergrund

Ohne eine ausreichende biologische Reproduktion in einer Gesellschaft 'stirbt diese langsam aber sicher aus'[5]. So eine in Deutschland durchaus bewusste Problematik, wie an der anhaltenden Debatte über die geringe Kinderzahl[6] und dem letzten medialen Feldzug für mehr Kinder und eine kinderfreundlichere Gesellschaft unter dem Motto „Du bist Deutschland“ zu erkennen ist[7]. Die Angst, es werden zu wenig Kinder geboren, ist dabei allerdings nicht vollkommen neu und historisch gesehen war sogar eine hohe Kinderlosigkeit und eine späte Elternschaft von Frauen, als unter anderem Folge eines höheren Heiratsalters[8], eher die Normalität bzw. die Entwicklungen Mitte des letzten Jahrhunderts - geprägt von einer frühen Elternschaft und einer niedrigen Rate an kinderlosen Frauen - eher eine Ausnahme (Kreyenfeld & Konietzka 2007: 13-14). Und so wurde auch bereits vor hundert Jahren über die Ursachen einer abnehmenden Fertilität der Gesellschaft und die Folgen einer geringen Geburtenrate diskutiert, wenn auch diese auf einem anderen Niveau stattfand (vgl. Brentanno 1909).

Der Versuch das Fertilitätsverhalten der Menschen dabei auf ihre Lebenssituation und vor allem ihren Wohlstand zurückzuführen, ist wiederum weit mehr als ein Jahrhundert alt. So beschäftigte sich bereits Malthus 1798 mit der Bedeutung ökonomischer Notlagen für die Heirat und die Familiengründung (Kreyenfeld 2008: 233/234). Der Einfluss von finanziellen Ressourcen auf das Fertilitätsverhalten wurde allerdings über die Zeit hinweg recht kontrovers diskutiert. Denn einerseits wurde anhand des ersten demographischen Übergangs festgestellt, dass mit höherem Wohlstand die Fertilitätsrate abnahm (siehe z.B. Brentanno 1909: 587-589; Robinson 1997: 64). Andererseits gab es, wie Kreyenfeld (2008) festhält, die Vorstellung, dass es einer gesicherten ökonomischen Position bedarf, um eine

[5] Dies ist eine Anspielung auf die anhaltende Debatte in den Medien, dass die Deutschen aussterben (vgl. dazu das Internetmagazin Spiegel Online unter: http://www.spiegel.de/politik/deutschland/0,1518,474823,00.html; 23.01.2008).

[6] Vgl. dazu das Internetmagazin Spiegel Online unter: http://www.spiegel.de/politik/deutschland/0,1518,474823,00.html; 23.01.2008.

[7] Vgl. dazu die Internetseite der Kampagne unter: http://www.dubistdeutschland.de/; (14.05.2011).

[8] Denn nichteheliche Geburten wurden im 19. Jhd. durch die Gesellschaft geächtet (Kreyenfeld 2008: 234).

Elternschaft überhaupt erst zu ermöglichen (Kreyenfeld 2008: 234). Eine auch heute gängige Vorstellung in der Gesellschaft, gerade vor dem Hintergrund, dass die Kosten einer Elternschaft zugenommen haben (vgl. Günther 2002). Aber es lässt sich auch empirisch festhalten, dass eine erste Elternschaft zumeist erst dann eingegangen wird, wenn die berufliche Perspektive und damit auch das Einkommen gesichert ist (Brose 2008: 48/49). Dies gilt dabei in gleichem Maße für Männer und Frauen (Brose 2008: 48/49).

Der aufgeworfene Widerspruch zwischen den benannten Entwicklungen und den theoretischen Annahmen zum Einfluss ökonomischer Ressourcen führte zur Bildung unterschiedlicher Theorien zur Erklärung der Bedeutung von finanziellen Ressourcen und der beobachteten Veränderungen (hier ist z.B. die 'Wohlstandstheorie', die 'These der konkurrierenden Genüsse', oder auch die 'ökonomische Theorie der Fertilität' von G.S. Becker, auf die später Bezug genommen wird, zu nennen; Hill & Kopp 2006: 194-200). Ebenfalls folgten weitreichenden Untersuchungen in diesem Bereich, die als Ursache für die Veränderungen u.a. die veränderte Lebenssituation und die veränderten Handlungsbedingungen der Menschen, die unter anderem zu einer Konkurrenz von 'Genüssen' (Lebensbereiche) führten, und die auf eine gestiegene Bildung, eine erhöhte Erwerbstätigkeit der Frauen und ein verändertes Geschlechterverhältnis, aber auch eine Verstädterung zurückgingen, ausmachen konnten (vgl. Brentanno 1909: 587-599; Hill & Kopp 2006: 194-200). Ursachen, die auch heute noch zur Erklärung der aktuellen Abnahme der Fertilitätsrate herangezogen werden.

Fast man nun die bisherigen Gedanken zusammen, lassen sich damit generell zwei Einflussaspekte von finanziellen Ressourcen auf das Fertilitätsverhalten der Menschen beschreiben, die in ihren Effekten scheinbar konträr zueinander laufen und in ihrer Kombination durchaus unterschiedlich wirken könnten: zum einen den Aspekt der ökonomischen Sicherheit (um eine Familie ernähren zu können), der einen positiven Effekt von Einkommen und Fertilität postuliert, und zum anderen der Aspekt der Teilhabe an der Gesellschaft (der ebenfalls mit ökonomischen Ressourcen variiert[9]). Wobei letztere eine Konkurrenz von Lebensbereichen wie z.B. auch Freizeit und Familie (oder Beruf vs. Familie) und damit Opportunitäts-

[9] So beeinflussen die finanziellen Möglichkeiten unter anderem auch die Ausgestaltung der eigenen Biographie (Peuckert 2005: 131)

kosten einer Elternschaft schaffen mag. So erhöht sich z.B. bei Frauen mit dem Einkommen zumeist auch deren Erwerbsintegration (Eckhard & Klein 2006: 54), was wiederum einen negativen Effekt auf die Elternschaft hat - unter anderem wegen der Probleme der Vereinbarkeit von Beruf und Familie, bzw. wegen den damit größer werdenden Opportunitätskosten einer Schwangerschaft (Borchardt & Stöbel-Richter 2004: 50-51). Spätere Untersuchungen konnten allerdings zeigen, dass der Einfluss der vorhandene ökonomischen Ressourcen auf das Fertilitätsverhalten zudem vor dem Hintergrund verschiedener anderen Hintergrundfaktoren weiter zu differenzieren ist. So kann beispielsweise auch die ökonomische Unsicherheit (und damit geringe finanzielle Ressourcen) für Frauen mit geringeren beruflichen Chancen (z.B. aufgrund geringerer Bildung) die Attraktivität einer Elternschaft als alternativer Lebensentwurf für Frauen erhöhen (Kreyenfeld 2008: 250). Dabei gilt es das Einkommen des männlichen Partners, für den ein positiver Effekt der Einkommenssteigerung auf seine Elternschaftsentscheidungen angenommen wird und sich auch empirisch bestätigen lässt (Brose 2008: 49), zu berücksichtigen. Denn gerade über das Einkommen des Partners könnte, begründet mit dem 'Male-Breadwinner-Regime' in Westdeutschland (vgl. Kreyenfeld 2002: 22), erneut ökonomische Sicherheit erzielt werden.

An dieser Punkt sollte jedoch noch ein weiter Aspekt berücksichtigt werden, der im Gegensatz zum ersten demographischen Übergang hinzugekommen ist, der den damaligen Wandel von den heutigen Veränderungen unterscheidet und der erneut der Zusammenhang von finanziellen Ressourcen und dem Fertilitätsverhalten der Menschen betreffen könnte: die gewachsene biographische Unsicherheit. Auf diesen Zusammenhang und auch warum biographische und ökonomische Unsicherheiten im Rahmen der Familiengründung weiter an Bedeutung gewonnen haben könnten, wird im Folgenden näher eingegangen. Dazu wird vor allem die Familie als benannter zentrale Ort der sozialen und biologischen Reproduktion (zumindest in unserer Gesellschaft; Huinink & Konietzka 2007: 25) und ihr bisheriger Wandel betrachtet und im Anschluss die Bedeutung von finanziellen Ressourcen darin verortet.

2.1 Die ‚Familie' – eine Definition

Die Familie ist der zentrale Ort der sozialen und biologischen Reproduktion der Gesellschaft (vgl. Huinink & Konietzka 2007: 25). So ist sie, ihr Entstehen, ihre Zusammenhänge und vor allem ihr Wandel ein bedeutender Schlüssel zum Verständnis der seit Beginn des 20. Jhd. anhaltenden Abnahme der Fertilitätsrate in Deutschland[10] und auch zu der gewachsenen Bedeutung biographischer in diesem Kontext. Um allerdings den Wandel von 'Familie' in seinen Ursachen und seinen Folgen für das Reproduktionsverhalten der Menschen beschreiben und darin die Bedeutung von finanziellen Ressourcen verorten zu können, sollte zunächst betrachtet werden, was eigentlich unter 'Familie' zu verstehen ist bzw. im Folgenden verstanden werden soll. Denn die Definitionen von Familie und ihre jeweiligen Formen waren über die Geschichte hinweg recht vielfältig (Huinink & Konietzka 2007: 24-25) und unterscheiden sich auch heute in der Gesellschaft deutlich voneinander. Eine Definition von Familie zu finden, ist daher nicht unproblematisch, da bis heute keine einheitliche existiert. Im Rahmen dieser Arbeit soll entsprechend der Fragestellung jedoch der Fokus auf die Familiengründung und damit der Prokreationsfamilie gerichtet sein - d.h. auf die von Paaren gegründeten Familienformen. Eine Definition, die einen großen Konsens erfahren hat und darstellt, was unter 'Familie' in diesem Zusammenhang verstanden werden kann, ist jene von Hill und Kopp. Nach ihnen ist eine Familie (Hill & Kopp 2006: 13):

1. eine auf Dauer angelegte Verbindung von Mann und Frau;

2. mit einer gemeinsamen Haushaltsführung;

3. in der mindestens ein eigenes leibliches oder adoptiertes Kind vorhanden ist.

Dies ist nur eine mögliche Definition von Familie, die bestimmte Lebensformen[11] ein- und andere ausschließt[12] (Hill & Kopp 2006: 13). Eine die aber sehr gut verdeutlicht, worauf es bei einer Familie ankommt. Es ist eine Lebensform in der

---

[10] siehe Peuckert 2005: 122-123

[11] Unter Lebensform seien dabei gemäß einer Definition des Statistischen Bundesamtes „[...] relativ stabile Beziehungsmuster [...] im privaten Bereich, die allgemein mit Formen des Alleinlebens oder Zusammenlebens[...] beschrieben werden können“ verstanden (Huinink & Konietzka 2007: 29).

[12] z.B. alleinerziehende Elternteile, aber auch homosexuelle Paare mit Kindern;

verschiedene Generationen zusammen einen Haushalt bilden und die bestimmte gesellschaftliche Funktionen, z.B. die soziale und die biologische Reproduktion der Gesellschaft, übernimmt. Die vorliegende Definition von Familie, so sei angemerkt, ist dabei nicht die gängigste Definition, wie z.B. die des Statistischen Bundesamtes (DESTATIS), in der die Familie als „Eltern-Kind-Gemeinschaften, d.h. Ehepaare, nichteheliche und gleichgeschlechtliche Lebensgemeinschaften sowie allein [E]rziehende […] mit ledigen Kindern" in einem Haushalt definiert werden (Huinink & Konietzka 2007: 35). Eine Definition sollte jedoch dem Kriterium der Zweckmäßigkeit dienen. Vor diesem Hintergrund scheint die vorliegende Definition für das Forschungsvorhaben besser geeignet zu sein, da sie z.B. auch sie die häufiger werdenden nichtehelichen Lebensgemeinschaften (NELs)[13] mit Kindern einschließt, während sie jedoch im Unterschied zur Definition von DESTATIS Alleinerziehende und homosexuelle Elternpaare außen vor lässt. Diese Gruppen müssten eigentlich (und auch sinnvoller Weise) als Familie gezählt werden (Huinink & Konietzka 2007: 37). Ein wichtiger Grund für die Exklusion von Alleinerziehenden und von homosexueller Elternpaaren an dieser Stelle ist jedoch die Annahme, dass bei ihnen zusätzliche Faktoren erschwerend auf die Entscheidung zur Elternschaft wirken könnten, die sich nur schwer kontrollieren lassen und deren Betrachtung den Umfang dieser Arbeit sprengen würde. Bei homosexuellen Paaren mit Kindern kommt hinzu, dass deren Elternschaft auf zusätzliche äußere Einwirkungen (z.B. Leihmütter/Leihväter) oder auf frühere Familiengründungen mit heterosexuellen Partnern zurückgeht. Ich beschränke mich daher auf die Betrachtung des ‚typischen' Prozesses der Familiengründung und dabei auch nur auf die erste Familiengründung durch Paare. Denn auch bei einer möglichen weiteren Familiengründung, oder der Ausweitung einer Familie, ist anzunehmen, dass sich Einstellungen und die Grundlagen der Entscheidung zur Elternschaft sich geändert haben (Bernhard & Kurz 2007: 6).

---

[13] Als NEL wird hier somit eine auf Dauer angelegte Beziehung von Mann und Frau verstanden, die in einem gemeinsamen Haushalt leben, aber noch nicht verheiratet sind. Damit grenzt sich die NEL von der LAT durch den gemeinsamen Haushalt ab.

2.2 Der neuere Wandel der Familie Deutschland und die Entstehung eines neuen Problems

Seit einigen Jahren löst sich die dominante Stellung der ‚Normalfamilie' wieder auf. Aus dem Blickwinkel der Vergangenheit stellt die dabei wieder entstandene Vielfältigkeit der vorhandenen Lebens- und Familienformen jedoch auch hier keine direkte Neuerung dar. So haben viele Lebens- und Familienformen (vor allem auch NELs) bereits früher in der Geschichte existiert. In der Vergangenheit war für die Vielfältigkeit eine über die Zeit hinweg stetige Veränderung parallel existierender Lebensformen verantwortlich, die sich als eine Anpassung der Menschen an die jeweiligen Lebensumstände gestaltete (Huinink & Konietzka 2007: 56; Peuckert 2005: 74). Beispielweise merkt Peuckert an, dass von den 1871 60% ledigen Deutschen viele in einer NEL zusammenlebten (Peuckert 2005: 74). Dies geht so weit, dass viele unterschiedliche nichtehelichen Lebensformen im früher gar von der Kirche und der Gesellschaft stigmatisierte Lebensführungen der Armen waren (Peuckert 2005: 74). Denn heiraten konnte nur derjenige, der es sich auch leisten konnte, eine Familie zu gründen (Kreyenfeld 2008: 234). In der Folge blieb ein bedeutender Anteil der Bevölkerung im 19. Jhd. in Deutschland lebenslang unverheiratet (Kreyenfeld 2008: 234). Auch Brentanno (1909) betrachtete bereits 1909 die schwindende Heiratswilligkeit in den höheren Klassen, die er ebenfalls mitunter auf die Schwierigkeit den Stand zu erhalten (aber auch die Veränderung des Geschlechterverhältnisses und die Konkurrenz von 'Genüssen') zurückführte (Bretanno 1909: 587-590). Erst mit Beginn des 20. Jhd. setzten sich dann die ehelichen Lebens- und Familienformen in der Gesellschaft als dominante Lebensform durch[14] (Peuckert 2005: 75) und wurden bis nach ihrer Blüte in der fünfziger und sechziger Jahren bis hin zur ‚Normalfamilie' (Eltern mit Kind) immer kleiner (Peuckert 2005: 123-124).

In diesem Zusammenhang sei nochmal angemerkt, dass historisch gesehen auch eine hohe Kinderlosigkeit und eine späte Elternschaft von Frauen, als Folge dieses höheren Heiratsalters, eher die Normalität war (Kreyenfeld & Konietzka 2007: 13-

[14] Grundlegend hierfür waren eine verbesserte ökonomische Lage der breiten Masse, die eine Heirat bezahlbar machte (Peuckert 2005: 75). Denn für eine Heirat musste zumeist ein eigener Haushalt gegründet werden, was große Ressourcen erforderte, die früher nur über einen langen Zeitraum angesammelt werden konnten (Hill & Kopp 2006: 41).

14). Denn nichteheliche Geburten wurden im 19. Jhd. durch die Gesellschaft geächtet (Kreyenfeld 2008: 234). Auch hier war die mit der Lebensform verbundene (oder fehlende) Elternschaft im Normalfall nicht das Ergebnis einer Wahlentscheidung des Einzelnen, sondern eine Anpassung der Lebensweise der Menschen an die jeweiligen Umstände der Zeit (Huinink & Konietzka 2007: 56). Dabei dienten die gelebten Lebensformen in ihrer Funktion vor allem der ökonomischen Absicherung der Familie (Huinink & Konietzka 2007: 71) und enthielten vielfach die Selbstverständlichkeiten einer Gründung derselbigen (Huinink 1995: 158). Diese Selbstverständlichkeit und die vielfach fehlenden Wahlmöglichkeiten in der Gestaltung der eigenen Lebensform, sorgten darüber für vorgegebene Pfade des Lebenslaufes (Lebenslauf-Skripte) und somit für eine gewisse Sicherheit in der Lebensplanung (Huinink 1995: 158). Dies unterscheidet jedoch die heutige Vielfältigkeit der Lebensformen und den heutigen Wandel von dem in früheren Zeiten. Denn heute sind die Lebensformen nicht mehr nur Ergebnis einer Anpassung an die Lebensumstände bzw. der gängigen Werte und Normen einer Gesellschaft, sondern stehen dem Einzelnen vor allem auch als verschiedene Optionen im Lebenslauf zur Auswahl. Mehr Entscheidungen können in diesem Rahmen also getroffen werden, auch solche die früher selbstverständlich waren, wie die der Elternschaft (Huinink 1995: 158; Onnen-Isemann 2003: 104-105). Diese steht seither ebenfalls als eine neben anderen Option zur Auswahl, worüber auch die Selbstverständlichkeit eine Familie zu gründen, verschwand (Huinink 1995: 158).

Ursächlich für diese Entwicklung und den Wandel von Familie sind neben einer früheren ökonomische Selbstständigkeit durch größeren Wohlstand, vor allem auch das Schwinden gesellschaftlicher Begrenzungen, besonders im Bereich der Sexualität[15] (Vaskovics & Rupp 1995: 14-15; Peuckert 2005: 131). Gerade die Entwicklung neuer und die Verbesserung bestehender Verhütungsmitteln, ließen die Schwangerschaften planbar und ungewollte Schwangerschaften zur Ausnahme werden (Vaskovics & Rupp 1995: 14-15; Peuckert 2005: 131). Darüber trugen sie

[15] Hier ist nach Vaskovics und Rupp (1995) besonders die Liberalisierung der Sexualität in Zusammenhang mit der Verfügbarkeit von Verhütungsmitteln hervorzuheben, wodurch die Sanktionierung des unverheirateten Zusammenlebens in weiten Teilen entfiel und neue Lebensformen (z.B. NELs) ermöglicht wurden (Vaskovics & Rupp 1995:14).

so zur Liberalisierung von Sexualnormen und in Folge zur Veränderung der Einstellungen gegenüber NELs bei (Vaskovics & Rupp 1995: 14). Denn durch den Verlust eines, wie Vaskovics und Rupp (1995) es feststellen, wichtigen „Argumente[s] gegen voreheliche Beziehungen“[16] (Vaskovics & Rupp 1995: 14) wurden Sanktionierungen gegenüber solchen vorehelichen Lebensformen verringert und ein breiteres Spektrum an Entscheidungsoptionen in der Lebenslaufplanung geschaffen (vgl. Peuckert 2005: 112-113,131). Auch die Entstehung neuer unbestimmter Lebensphasen durch längere Ausbildungszeiten trugen Maßgeblich zu Entstehung neuer Lebenslaufoptionen bei (Vaskovics & Rupp 1995: 14-15). Sie sorgten besonders bei jüngeren Menschen (z.B. Studierenden) für die Entstehung neuer Lebensphasen und Übergangslebensformen, die aufgrund ihrer Unbestimmtheit dem Einzelnen mehr Zeit für sich selbst und seine Entwicklung ließen (Vaskovics & Rupp 1995: 14-15). Gerade Frauen sollten von all diesen Entwicklungen profitieren. Wo gerade in der Zeit des ‚Golden Age of Marriage‘[17] den Frauen oft nur die Möglichkeit als Hausfrau eine Familie gründeten offen stand, hatten sie nun aufgrund ihrer Emanzipation vor allem „zunehmend berufsbiographischen Wahlmöglichkeiten“ erhalten (vgl. Huinink & Konietzka 2007: 160; Vaskovics & Rupp 1995: 20). So eröffneten sie sich größere ökonomische Ressourcenquellen, ökonomischer Unabhängigkeit[18] und neue Optionen der Gestaltung des eigenen Lebenslaufes, was sich in ihren entstandenen „familien- und berufsorientiert[en]“ Lebensplanungen äußert (Peuckert 2005: 131). Planungen, die in der Folge auch in Konkurrenz zu einander stehen konnten.

Alle benannten Entwicklungen wirken sich also erweiternd auf den Möglichkeitenraum, der von Birg (1992) auch als „biographisches Universum“ bezeichnet wird aus[19] (Birg 1992: 213-214). Doch die neuen Wahlmöglichkeiten stehen nicht alle

---

[16] Damit ist die ungewollte Schwangerschaft gemeint.

[17] Damit sind die 50iger bis 60iger Jahre des 20. Jhd. Gemeint in denen verheiratete Lebensformen am dominantesten waren (Peuckert 2005: 123-124).

[18] Dies ermöglichte den Frauen z.B. eine ihnen eine eigene Haushaltsführung ohne die ökonomische Absicherung eines Mannes und so Unabhängigkeit. Dass das Bewusstsein der ökonomischen Unabhängigkeit ein bedeutender Einflussfaktor auf die Entwicklung der Fertilitätsrate ist, ist auch in den Arbeiten von Onnen-Isemann (2003) zu finden (Onnen-Isemann 2003: 99).

[19] Durch die vielfältigen neuen Optionen in der Gestaltung des Lebenslaufs und in der Wahl der Lebensform wurde auch ein „Bewusstsein des Wählen-Könnens […]“ bei den Menschen

und nicht jedem gleichermaßen und zu jeder Zeit gleich offen. Die Optionen im Lebenslauf hängen dabei von allgemeinen strukturellen Bedingungen (z.B. Struktur des Bildungs-/Arbeitsmarktsystems), aber auch von speziellen Faktoren, wie Milieu- und Schichtzugehörigkeiten, Bildungskapital, biographische Position usw. ab (Burkart 1994: 249-250). Auch die Ressourcen spielen dabei eine große Rolle, da sie in besonderem Maße die Optionen im Lebenslauf beschränken und darüber in einem bedeutenden Maße die Wahl der Lebensform eines Akteurs bestimmen (Vaskovics & Rupp 1995: 21-22). Als Beispiele sind hier Ausbildungskosten als Beschränkungen für die Möglichkeiten im Lebenslauf, als auch die Wohnraumkosten als Beschränkungen für Lebensformen zu nennen.

Interessanter ist in diesem Kontext jedoch die Tatsache, dass durch die Ausdehnung der Optionen im Lebenslauf im Zusammenhang mit dem Wegfall von verbindlichen Lebenslauf-Skripten (und einer gewissen Selbstverständlichkeit der Familiengründung) im Vergleich zu früheren Veränderungen, wie sie im Rahmen des ersten demographischen Übergangs beschrieben werden, eine neue vorher nicht da gewesene Unsicherheit entstanden ist, die den Möglichkeitenraum wieder einschränken kann und so vielleicht eine Erklärung für die Abnahme der Fertilitätsrate in Deutschland darstellen könnte: die biographische Unsicherheit (vgl. Birg 1992: 214; Friedmann, Hechter & Kanazawa 1994: 382-384).

2.2.1 Neue Unsicherheiten in der Lebensplanung

Was unter der neuen Unsicherheit im Lebenslauf zu verstehen ist kann eine sehr grundlegende Definition von Unsicherheit aus den Wirtschaftswissenschaften verdeutlichen. Sie besagt, dass:

> „if a process of change can lead to more than one possible outcome, the outcomes are uncertain“ (Dyckman u.a. 1969: 31).

Die Betonung, dass es sich um einen „process of change“ handeln muss, der zu mehr als einem Ergebnis führen kann, macht deutlich, dass Unsicherheit also das Ergebnis fehlender Determination ist. Sie kann folglich nur entstehen, wenn die möglichen Ergebnisse einer Entscheidung zufälliger Natur sind (Dyckman u.a.

---

gefördert (Peuckert 2005: 131).

1969: 31-32). Je größer nun die Wahlmöglichkeiten im Lebenslauf werden, z.B. durch die Ausweitung der Optionen im Lebenslauf (vgl. 2.2), umso größer wird auch die Zahl der möglichen Ergebnisse einer Entscheidung und umso schwieriger wird die Vorhersage oder die Bestimmung der Erwartbarkeit des Eintritts eines angestrebten Zieles.

Verständlicher Weise ist dabei auch der Grad an Informationen und das Wissen das man über eine Entscheidungssituation und ihre möglichen Ergebnisse besitzt, von großer Bedeutung. Denn mangelndes Wissen oder fehlende Informationen können zur Verschlechterung der Einschätzbarkeit der möglichen Ergebnisse einer Entscheidung und ihre Eintrittswahrscheinlichkeiten führen (vgl. Rumianek 1985:12; Schneider 2009: 138). Entscheidungen unter Unsicherheit werden daher weiter in Entscheidungen unter Ungewissheit und Entscheidungen unter ‚Risiko' klassifiziert (Rumianek 1985:12; Schneider 2009: 138). Soweit es sich bei der ersten Kategorie um eine Situation handelt in der die Ergebnisse einer Entscheidung, zumindest aber ihr Eintreten ungewiss sind, z.B. durch einen Mangel an Informationen, handelt es sich im Gegenzug bei den Entscheidungen unter Risiko um Situationen in der die Eintrittswahrscheinlich-keiten der möglichen Ergebnisse geschätzt oder errechnet werden könnten (Rumianek 1985:12). Dies bedeutet jedoch nicht, dass ein angestrebtes Ergebnis tatsächlich auch eintritt. Beide Klassifikationen von Entscheidungen sind also in ihren Ergebnissen weiterhin nicht endgültig vorhersehbar (oder determiniert) und folglich nach der oben genannten Definition unsicher.

Das grundlegende Problem der Entscheidung ist also nicht die Anzahl an Handlungsalternativen, oder ob sich die Eintrittwahrscheinlichkeit der Ergebnisse einschätzen lässt, sondern, dass sie bei fehlender Determination im Ergebnis generell immer unsicher ist. Ein Problem, das vor allem auf die benannten Lebenslaufentscheidungen, d.h. biographische Entscheidungen, zutrifft. Zwar lässt sich mitunter die Wahrscheinlichkeiten des Eintretens einzelner Handlungsalternativen in begrenztem Maße abschätzen, doch sorgt auch hier die weiterhin fehlende Determination der Handlungsalternativen für eine Unsicherheit über die möglichen Outcomes einer Entscheidung und damit für Unsicherheiten über die eigene Zukunft, was von Wohlrab-Sahr (1993) auch als biographische Unsicherheit bezeichnet wird (Wohlrab-Sahr 1993: 11ff.).

In diesem Zusammenhang ist in besonderem Maße die zeitliche Perspektive von Bedeutung. Denn je weiter weg die Ergebnisse einer Entscheidung bzw. einer Handlung in der Zukunft liegen, umso schlechter sind sie in ihren Konsequenzen und in ihrem Eintreten einzuschätzen, da sie über die Zeit hinweg vielen unterschiedlichen Einflüssen ausgesetzt sind (Huinink 1995: 157; Huinink 2001: 154). Damit verschärft sich die Problematik der Unsicherheit im Falle von Entscheidungen im Lebenslauf die weitreichende und lang anhaltende Konsequenzen mit sich bringen, die schwer abzuschätzen sind (Huinink 2001: 154).

2.2.2 Die Frage nach der Rationalität

Bevor nun der Umgang der Menschen mit dieser Problematik der biographischen Unsicherheit im Rahmen ihrer Fertilitätsentscheidungen näher betrachtet werden kann, muss zunächst geklärt werden, wie Menschen generell Entscheidungen treffen. Eine nahe liegende Erklärung bietet hier die Rational-Choice-Theorie. Sie besagt, dass Menschen diejenigen Handlungen durchführen, die ihnen den größten Nutzen (Gewinn) verschaffen (Burkart 1994: 54), d.h. sich nutzen-maximierend verhalten. Dabei wählen die Akteure zwischen Handlungsalternativen aus, auf der Grundlage von Informationen, ihren Wünschen und Zielen, über die sie sich zugleich „im klaren" sind (Burkart 1994: 54). Eine Annahme eines Entscheidungsverhaltens, dass in dieser Form mehrere Probleme aufwirft. Burkart (1994) kritisiert z.B. daran, dass sich darüber kaum Entscheidungen erfassen oder gar empirisch abbilden ließen, da Entscheidungen auf ein reines Kosten-Nutzen-Kalkül reduziert und darüber emotionale oder scheinbar irrationale Verhaltensweisen, und an Normen orientierte Entscheidungen nicht richtig erfasst würden (Burkart 1994: 73-76). Allerdings können einem Individuum Emotionen ebenfalls einen Nutzen (z.B. Freude, Liebe usw.) oder Kosten (emotionalen Stress) einbringen und so in einer Kosten-Nutzen-Abwägung mit einfließen. Gleiches gilt für die Orientierung an Normen. Sie zu ignorieren kann einem Individuum Kosten einbringen, die höher wären, als solche Normen zu befolgen. Beispielhaft können über Normen einer Bezugsgruppe sogar Annahmen von Rationalitäten vermittelt oder gar gebildet werden – man nimmt quasi die Rationalitätsansichten der umgebenden Gruppe an (vgl. Witte 1987: 209; Forgas 1999: 269-270)[20].

Ein weiterer Kritikpunkt an der RC-Theorie ist nach Burkart (1994) weiter, dass sie nichts darüber aussagt, ob die Rationalität der Entscheidung die Wahl der Mittel oder die Vernünftigkeit der Ziele betrifft, ob sie normativer oder empirischer Natur sei (Burkart 1994: 54). Auch fehlte in der Annahme rationalen Verhaltens der Kontextzusammenhang der Situation des Einzelnen und der Lebenslaufbezug für Entscheidungen, würden ja nur Kosten-Nutzen-Abwägungen auf Zukunftsentscheidungen getroffen (Burkart 1994: 73,75). Letztendlich kann auch nicht davon ausgegangen werden, dass den Akteuren die Ziele und Folgen (Nutzen oder Kosten) einer Entscheidungen immer so 'klar' seien, vor allem bei schwer abschätzbaren Entscheidungen die weit in die Zukunft reichen (Burkart 1994: 73-76).

Alle diese Kritikpunkte treffen mehr oder weniger zu und lassen sich mit den bisherigen Annahmen nicht in Einklang bringen. Daher soll hier von einem breiteren Rationalitätsverständnis ausgegangen werden. Entsprechend einem Vorschlag von Huinink und Konietzka (2007) werden die in der RC-Theorie getroffenen Annahmen um folgenden Punkt erweitert: Die Rationalität der Akteure sei durch ihre Subjektivität begrenzt (vgl. Huinink & Konietzka 2007: 53). Unter rationalem Verhalten wird hier also im Sinne der ‚bounded rationality' subjektiv rationales Verhalten verstanden. D.h. ein Akteur handelt wie oben genannt rational, doch tut er dies vor dem Hintergrund seines subjektiven Bewusstseins und seiner subjektiven Wahrnehmung, und orientiert sich an dem für ihn subjektiv größten Nutzen[21]. Dabei wägt er die Kosten und Nutzen einer Entscheidung, und auch seine Mittel zum erreichen seiner Ziele, vor dem Hintergrund seiner inneren Gelegenheitsstrukturen[22] sie nennt ab, und entscheidet sich für diejenigen Handlungsweise, die ihm die sinnvollste erscheint (Huinink 2001: 152). Über den subjektiven Bezug können nun auch, solange sie auf für den Akteur begründbare

[20] So passen Mitglieder einer sozialen Gruppe ihre Meinungen, Ziele und Wertorientierungen an die ihrer Gruppe an (vgl. Witte 1987: 209-210; Forgas 1999: 272, 269-270).

[21] Definiert als ein vom Individuum nach seinen subjektiven Kriterien angestrebtes Ergebnis. Dies kann auch der Erhalt der eigenen Situation sein.

[22] Unter den „inneren Gelegenheitsstrukturen" versteht Huinink (2001) die individuellen Präferenzen und die psycho-sozialen Dispositionen eines Akteurs (Huinink 2001: 152).

Kriterien zurückgehen, emotionale oder scheinbar irrationale Entscheidungen eines Akteurs von der RC-Theorie erfasst werden. Zudem wird über den subjektiven Bezug die Rationalität des Akteurs begrenzt. Denn der zusätzlich in die Theorie eingebrachte Bewusstseinsbezug bildet einen Kontextzusammenhang und eine Abhängigkeit der Entscheidungen eines Akteurs von seinem Lebenslauf, indem Entscheidungen z.B. auf der Basis vergangener Erfahrungen und Verhaltensweisen getroffen werden[23], und von in seinem Bewusstsein enthaltenen Informationen, d.h. seinem Wissen. Eine Annahme die ebenfalls wichtig im Bezug auf die in dieser Untersuchung verwendeten Theorien und Modellen (z.B. die Theorie geplanten Verhaltens) ist, da diese ein rationales Verhalten der Akteure voraussetzen.

Bevor nun weiter auf den Umgang mit Entscheidungsunsicherheit, vor allem bezogen auf Elternschaftsentscheidungen, eingegangen werden kann, soll zunächst geklärt werden, ob die Entscheidungen zur Elternschaft überhaupt als ein Resultat einer bewussten Entscheidung angesehen werden kann. Denn nur solche Entscheidungen lassen sich als subjektiv rational ansehen, da sie vom Akteur nach von ihm bestimmten Kriterien getroffen werden. Auch nur bei bewussten Entscheidungen kann biographische Unsicherheit überhaupt eine Rolle spielen, da bei unbewussten Entscheidungen ein reflexiver Einbezug möglicher zukünftiger Entwicklungen und damit biographischer Unsicherheit durch einen Akteur als nicht gegeben erscheint.

2.2.3 Die Elternschaft – bewusste Planung oder Zufall?

Ob eine Elternschaft das Resultat einer bewussten und daher (subjektiv) rationalen Entscheidung ist, ist eine noch nicht ganz vollständig beantwortete und zum Teil umstrittene Frage. Während z.B. Borchardt und Stöbel-Richter (2004) die Entscheidung zur Elternschaft als „Resultat einer bewussten und rationalen Entscheidung“ sehen (Borchardt & Stöbel-Richter 2004: 54), merkt Burkart (1994) an, dass aufgrund der kontingenten Zukunft und des benannten Risikos der Falschentscheidung die Entscheidung Elternschaft vs. Kinderlosigkeit nicht rational abgewägt werden kann (Burkart 1994: 250). Selbst das Abwägen eines richtigen

[23] Waren vergangene Handlungsweisen erfolgreich könnten diese als Erfahrung abgespeichert ähnliche Verhaltensweisen fördern (vgl. Huinink 2001: 153).

Zeitpunktes der Schwangerschaft würde ein Paar strukturell überfordern (Burkart 1994: 250).

Ein Argument welches jedoch an dieser Stelle für die Position einer bewussten und rationalen Entscheidung spricht, ist in der Antwort auf die Frage zu finden sein, ob sich die Menschen der der Unsicherheit biographischer Entscheidungen generell bewusst sind? Denn davon ist auszugehen, da die Mehrheit von ihnen eine relative Vorstellung über den „Möglichkeitenraum" ihrer eignen Biographie besitzt, der ihnen auch das Risiko einer Falschentscheidung im Lebenslauf in begrenzter Weise vermitteln dürfte (Birg 1992: 213-214). Eine Sichtweise die dadurch unterstrichen wird, dass sich die Menschen mit dieser Thematik heute stärker auseinandersetzen müssen. Denn viele Optionen im Lebenslauf, auch solche die neu hinzugekommen sind, stehen nicht jeder Zeit gleichermaßen offen oder zur Verfügung – z.B. kann eine Frau nur innerhalb ihrer fertilen Phasen schwanger werden. Die Zeit und das Wissen, wann welche Optionen umzusetzen sind, stellt folglich eine bedeutende Komponente der Lebenslaufplanung dar. Über sie und ihre Ordnungsfunktionen wird aber auch im Zusammenhang mit dem Lebenslauf eine Irreversibilität vergangener biographischer Handlungen mit zukünftigen Folgen erzeugt[24] (vgl. Huinink 1995: 156-157). Durch die Orientierung des Lebenslaufes am Erwerbssystem, der darüber vermittelten Ökonomisierung des Zeitbewusstseins[25], und der Vergänglichkeit von Optionen im Lebenslauf, sowie der benannten Irreversibilität, wird der Einzelne gezwungen, seine biographischen Entscheidungen soweit wie möglich in ihren Zielen und Ergebnissen abzuwägen und zu hinterfragen, und sich damit bewusst auseinander zu setzen (vgl. Bonß 2006: VI; Bonß et al. 2004: 212-213; Pelizäus-Hoffmeister 2006: 4, Zinn 2006: 4-5). Dies sorgt neben einem entstandenen „Bewusstsein des Wählen-Könnens" in der Lebensplanung, gleichzeitig auch für ein über gesellschaftliche Erwartungen und Normen gestütztes „Bewusstsein des Wählen-Müssens" (Peuckert 2005: 131; vgl. auch Onnen-Isemann 2003: 105-107). Man ist also heute dazu gehalten, seine

[24] So können durch vergangene Entscheidungen zukünftige Optionen im Lebenslauf entstehen oder verschwinden (Huinink 1995: 157).

[25] Die Zeit wird aufgrund ihrer Rationalisierung und Ökonomisierung kostbarer, so dass bereits von Zeit als Wohlstandsfaktor gesprochen werden kann (Held 2002: 15-17;19). Zeit gilt es dabei auf Kosten des Raumes einzusparen und möglichst rational und effektiv zu handeln (Gronemeyer 1996: 109ff.).

eigene Biographie zu planen, was z.B. in den Überlegungen zum eigenen zukünftigen Beruf und der Planung der eigenen Karriere seinen Ausdruck findet. Und genau dieses bewusste planen ist ein Argument dafür, dass biographische Entscheidungen, wie die der ersten Elternschaft, subjektiv rational getroffen werden. Allerdings sei dazu angemerkt, dass dieses generelle Unsicherheitsbewusstsein sicherlich nicht im Rahmen aller, vor allem alltäglichen Entscheidungen präsent ist. Würde dies doch die Akteure im Rahmen ihrer Entscheidungsprozesse viel zu sehr überfordern (Burkart 1994: 250), sondern nur im Rahmen von bewusst getroffenen Lebenslaufentscheidungen vorhanden sein müsste. Bei alltäglichen Entscheidungen ist hingegen eher von einem routinierten Entscheidungsverhalten auszugehen, dass auf bisherigen Lebenserfahrungen beruht (Esser 2001: 266, zitiert in Schneider 2009: 130). Dieses kann nach Esser auf der einen Seite *spontan-automatisch* (ohne Berücksichtigung möglicher Konsequenzen), auf der anderen Seite *reflexiv-kalkuliert* (mit Berücksichtigung möglicher Konsequenzen) sein, sofern im letzteren Fall mehrere Handlungsmodelle für eine wahrgenommene Situation bestehen, oder kognitive Dissonanzen im Rahmen einer Entscheidungssituation entstehen (Schneider 2009: 130).

Aus dem Argument, dass die Paare mit ihrer Lebenslaufentscheidung aufgrund der kontingenten Zukunft strukturell überfordert sind, lässt sich in diesem Kontext also auch ein anderer Schluss ableiten, als den, dass die Paare für sich gesehen nicht 'rational' entscheiden könnten. Denn diese Annahme löst das Problem der Entscheidung nicht und darf in diesem Zusammenhang nicht darüber hinwegtäuschen, dass sich die Frage nach der Elternschaft einem Paar irgendwann stellt und zumindest dann basal, wie oben erläutert, entschieden werden muss. Vor diesem Hintergrund des ‚irgendwann entscheiden Müssens' (s.o.) verwehrt die strukturelle Überforderung und die kontingente Zukunft den Paaren zwar scheinbar die Möglichkeit sofort rational zu entscheiden, doch fordert auch sie von den Menschen, sich mit der Problematik bewusst auseinander zu setzen. Wird die Entscheidung zur Elternschaft bewusst getroffen, ist damit schlussendlich die Möglichkeit einer subjektiv rationalen Entscheidung nicht nur gegeben, sondern auch sehr wahrscheinlich.

Bei der Beantwortung dieser grundlegenden Frage nach dem Bewusstseinsgrad der Entscheidung zur Elternschaft ist zudem anzumerken, dass sich vor dem Hintergrund der modernen Verhütungsmethoden in Kombination mit der Tatsache, dass eine Schwangerschaft auf den Zeitpunkt hin nicht vollständig biologisch kontrollierbar ist, handelt es sich bei dieser statt um die Entscheidung einer Vermeidung, eher um die Entscheidung des Zulassens einer Schwangerschaft (Huinink 1995: 159). Diese Entscheidung verlangt vor dem gerade geschilderten Hintergrund ein aktives Eingreifen der Beteiligten. [Unfälle die sicherlich auch vorkommen werden hier aufgrund der mittlerweile sehr sicheren Verhütungsmethoden nicht mit berücksichtigt.] Dabei ist allerdings nicht davon auszugehen, dass die Frage nach dem Zulassen einer Elternschaft bei jedem anstehenden Geschlechtsverkehr getroffen wird, sondern sich zunächst in Form einer vorher entschiedenen allgemeinen Bereitschaft für eine Elternschaft widerspiegelt (was z.B. in einem Geschlechtsverkehr ohne Verhütungsabsicht seinen Ausdruck finden könnte). In diesem Kontext zeigt sich, dass die Entscheidung zur Elternschaft mehrere Ebenen umfasst. Oder wie Huinink (1995) es ausdrückt, diese mehrere Vorentscheidungen verlangt, die getroffen werden müssen, um sich den Pfad der Elternschaft zu eröffnen[26] (Huinink 1995: 295). Dieser Aspekt löst die Problematik der Kontingenz der Zukunft wiederum etwas auf und liefert eine weitere Basis bzw. ein weiteres Argument für die Annahme einer bewussten und subjektiv rationalen Entscheidung an dieser Stelle. Bewusst deswegen, weil über die Verkettung mehrerer Entscheidungen miteinander ein gewisses Auseinandersetzen der Akteure mit der Thematik in mehreren Schritten notwendig wird. Die Problematik der Kontingenz der Zukunft löst sich in diesem Zusammenhang dadurch auf, dass je nach Entscheidungsebene die Folgen von Festlegungen unterschiedlich sind und daher nicht immer große Abwägungen zukünftiger Ereignisse erfordern. So kann eine erste Festlegung z.B. eine allgemeine Vorstellung in einem bestimmten Alter Kinder bekommen zu wollen sein. Obwohl mit einer solchen grundlegenden Entscheidung zunächst keine spürbaren Konsequenzen folgen müssen, kann eine solche einfache

[26] Nicht nur die Entscheidung Elternschaft vs. Kinderlosigkeit, sondern auch die Frage nach dem „Wann", also des Zeitpunktes der Schwangerschaft (Timings) muss gelöst werden. Nach Burkart könnte am ehesten in der Timingfrage eine rationale Entscheidung zu finden sein (Burkart 1994: 250).

Vorentscheidungen auf der anderen Seite eine gewisse Pfadabhängigkeit über das gelegte Orientierungsschema über die eigene Zukunft erzeugen (die eigene Zukunft könnte sogar auf dieses Ziel hin ausgerichtet werden).

Die Auseinandersetzung mit dieser Thematik in mehreren Schritten, die zumeist bewussten Folgen einer Elternschaft für den eigenen Lebenslauf und die mehrheitlich sicheren und verbreiteten Verhütungsmethoden in der Gesellschaft, die dafür gesorgt haben, dass sich die Entscheidung in ihrer Richtung gewandelt hat, dürften also insgesamt die bewusste Auseinandersetzung mit dieser Thematik fördern. Dass schließlich im Zusammenhang mehrheitlich bewusst entschieden wird, zeigen gerade die bereits erwähnten Nicht-Entscheidungen für ein Kind und deren Folgen[27]. Zudem bestätigen empirische Befunde diese Ansicht der bewussten Entscheidung. Ein Beispiel ist hier die Studie „Frauen leben" der Bundeszentrale für gesundheitliche Aufklärung. Bei 1.468 befragten Frauen im Alter von 20-44 Jahren waren nur 14% der zugelassenen Schwangerschaften ungewollt, wohingegen gar 62% auf den Zeitpunkt hin gewollt waren (BZgA 2000: 8).

2.2.4 Lösungsstrategien aus der Unsicherheitsfalle

Wie gehen nun Menschen mit dieser Unsicherheit im Kontext ihrer Lebenslaufentscheidungen um? Die erste und verständlichste Möglichkeit für den Akteur mit einer solchen Situation umzugehen, stellt das Sammeln von Informationen zur Verbesserung der Einschätzbarkeit der Entscheidungssituation, ihren Ergebnissen und ihren möglichen Eintrittswahrscheinlichkeiten dar (Friedmann, Hechter & Kanazawa 1994: 382). Mittels Informationen könnte die Entscheidung unter Unsicherheit in eine Entscheidung unter Risiko umgewandelt werden (Schneider 2009: 140). Diese Möglichkeit steht jedoch aus verschiedenen Gründen (z.B. Zugänglichkeit, unsicheres Wissen oder Kosten der Informationsbeschaffung) nicht immer offen, oder ist nur in begrenztem Maße durchführbar (z.B. aufgrund von Schwierigkeiten der Einschätzungen von Entwicklungen). Sie liefert also keine genaue Lösung des Problems und kann

[27] Zu erkennen ist dies am Aufschub der Familiengründung ins höhere Lebensalter (vgl. Huinink 1995: 250; vgl. Huinink & Konietzka 2007: 81-84) und am Anstieg des Alters der Frauen bei der Geburt des ersten Kindes auf ca. 29 Jahre (Huinink & Konietzka 2007: 83).

wiederum selbst zu Unsicherheiten führen, wenn die Kosten und Folgen der Informationssuche ungewiss sind (Schneider 2009: 140).

Gerade offene und vor allem in ihren Ergebnissen schwer vorhersagbare Entscheidungssituationen können zur Vermeidung oder zum Aufschub vielfältiger Festlegungen im Lebenslauf[28] bzw. zu verminderten Chancen langfristiger Planungen führen (Pelizäus-Hoffmeister 2006: 65). Diese zweite Möglichkeit, der Aufschub der Entscheidung bis sie entweder besser einschätzbar ist, oder sich die Entscheidungssituation selbst verändert hat, ist eine Reaktion des Akteurs, die für ihn auf kurze Sicht am wenigsten Gefahr bedeutet. Doch wird damit das Problem eigentlich nur aufgeschoben, nicht jedoch gelöst. Dies kann sich vor allem dann rächen, wenn Entscheidungen anstehen, die nicht zu jeder Zeit zugänglich sind. Wartet man zu lange kann es dann irgendwann zu spät sein sich zu entscheiden, was ebenfalls hohe Kosten bedeuten kann (z.B. den Verlust von Optionen im Lebenslauf).

Die ersten beiden Strategien würden also vor allem den Aufschub von Elternschaften erklären können. Wie sieht es aber bezogen auf deren Umsetzung aus? Hier könnte eine dritte mögliche Strategie eine Erklärung liefern. Denn diese zeigt, dass ein Aufschub von Festlegungen, bei offenen Entscheidungssituationen, keine zwingende Folge ist. Genau das Gegenteil kann der Fall sein: die Schaffung von Sicherheit über eine langfristige Festlegung. Denn rational handelnde Akteure können nicht „in völlig offenen Situationen handeln“ (Pelizäus-Hoffmeister 2006: 4) und ziehen daher riskante Situationen, in denen die Ergebnisse und deren Wahrscheinlichkeiten einschätzbar sind, unsicheren Situationen, in denen dies nicht der Fall ist, vor (argumentiert auch in der Theorie der 'Vaules of Children'; siehe Friedmann, Hechter & Kanazawa 1994: 382). So beschränken sie ihre Handlungsoptionen selbstständig, z.B. durch die Schaffung von institutionalisierten Strukturen wie der z.B. der Ehe (Weymann 2003a: 171)[29]. Wie Friedmann, Hechter

[28] Unsicherheit ist dabei nur ein möglicher Grund. Weitere Gründe für den Aufschub von Timingentscheidungen ins höhere Lebensalter sind z.B. die verlängerten Ausbildungszeiten, aufgrund der zunächst wichtigeren Selbstverwirklichung, oder aufgrund der Veränderung des Stellenwertes von Familie selbst (vgl. Huinink 1995: 250).

[29] Weymann (2003a) beschreibt diesen Zusammenhang am Beispiel von Institutionen, denen sich Individuen freiwillig „unterwerfen“, um Risiken zu verringern und so über die reduzierte Anzahl von überschaubaren Handlungsalternativen Handlungsfähigkeit herzustellen (vgl.

& Kanazawa (1994) feststellen, ist z.B. die frühe Heirat, aber auch eine Elternschaft, eine mögliche Strategie, um über die Verringerung der entstehenden möglichen Handlungsoptionen eine Erwartbarkeit der übrigen möglichen Ergebnisse des gewählten Pfades zu schaffen (Friedmann, Hechter & Kanazawa 1994: 381, 383-384; vgl. auch Huinink, Strohmeier & Wagner 2001: 155-156). Diese Reduzierung der Handlungsalternativen sorgt für eine „Fiktion von Sicherheit“[30] (Pelizäus-Hoffmeister 2006: 4). Dabei bedeutet sie gleichzeitig jedoch auch ein erhöhtes Risiko, da das Ergebnis der Entscheidung damit bei weitem noch nicht determiniert ist. Der Betroffene weiß also immer noch nicht, welche anderen unerwünschten Konsequenzen seine Entscheidung nach sich zieht – was jedoch bezogen auf die geschaffene Fiktion von Sicherheit in den Hintergrund treten mag. Allerdings bleibt damit hintergründig die eigentliche Gefahr, bei gleichzeitigem höheren Risiko[31], für den Akteur erhalten.

Da sich die generelle Gefahr und damit die Unsicherheit nicht einfach umgehen lässt, außer man verweigert die Entscheidung, wird es in den meisten Fällen notwendig die Unsicherheit so weit wie möglich zu minimieren, um Entscheidungssicherheit zu schaffen (und so eine Entscheidung unter Risiko herbeizuführen) (vgl. Huinink 1995: 157). Neben dem benannten Sammeln von Informationen gibt es eine weitere mögliche Strategie zum Erreichen dieses Zieles, die im Rahmen der vorliegenden Forschungsarbeit von besonderem Interesse ist: die bessere Vorbereitung auf die Entscheidungssituation bzw. der Versuch sich gegen mögliche Fehlschläge abzusichern, um die Gefahren ihres Ausgangs zu verringern. Dieses Vorgehen erfordert vom Akteur jedoch den Einsatz von Ressourcen (Zeit & Geld), die vorhanden bzw. erst erreicht werden müssen (z.B. um eine Informationssuche zu finanzieren). Über diesen Zusammenhang könnten Ressourcen, als Mittel gegen Entscheidungsunsicherheit und als ein Element der Lebenslaufplanung, deren Bedeutung auch über die Orientierung des Lebenslaufes am Erwerbssystem

---

Weymann 2003a: 171). Die eigene Handlungsbeschränkung ist für Akteure damit eigentlich alltäglich und zum großen Teil erwünscht, da sie Planungssicherheit schafft.

[30] Sicherheit ist eine soziale Konstruktion bzw. Fiktion, da sie nie wirklich erreicht werden kann (vgl. Pelizäus-Hoffmeister 2006:15-16). Dies wäre nur der Fall, wenn eine vollständige vorherige Determination bestände.

[31] Dies Risiko betrifft hier höhere Opportunitätskosten die durch die Festlegung im Lebenslauf entstehen können; z.B. der Verlust von Handlungsoptionen.

vermittelt wird (vgl. Wohlrab-Sahr 1993: 50), zu einem für den Akteur wichtigen Entscheidungskriterium werden. Gerade für den Bereich der Fertilitätsentscheidungen, die mitunter als sehr kostspielig und folgenreich in ihren Folgen sind (vgl. Peuckert 2005: 131; Huinink 1995: 295), könnte dies in besonderer Weise zutreffen.

Dass in eine solche Richtung kalkuliert wird, zeigen die Befunde nach denen früher erst geheiratet und damit eine Familie gegründet werden durfte, wenn eine Versorgung der neuen Familie auch sichergestellt war (vgl. Kreyenfeld 2008: 234) bzw. das heute das Bewusstsein der ökonomischen Unabhängigkeit ein bedeutender Einflussfaktor im Rahmen der Fertilitätsentscheidungen ist (vgl. Onnen-Isemann 2003: 99).

2.3 Ökonomische Theorie der Fertilität

Zusammengefasst könnten damit die finanziellen Ressourcen als Mittel zur Reduzierung gewachsener biographischer Unsicherheiten im Rahmen der Lebenslaufsentscheidungen (und in der Folge auch ökonomische Unsicherheiten) an Bedeutung gewonnen haben. Mit den bisherigen Erläuterungen ist jedoch immer noch nicht abschließend geklärt, wie die bisher gefundenen negative Effekte wachsender finanzieller Ressourcen auf das Fertilitätsverhalten der Menschen systematisch erklärt werden können? Dabei stellt die Tatsache, dass sich mit steigendem Einkommen und dem steigenden Nutzen im Sinne der Reduzierung biographischer und ökonomischer Unsicherheiten mitunter auch höhere Kosten einer Elternschaft ergeben (z.B. höhere Opportunitätskosten für Frauen[32]; vgl. 2.) einen rein positiven Effekt der finanziellen Ressourcen auf die Fertilitätsentscheidungen/-Intentionen in Frage. Es erscheint vielmehr die Kombination der bisher genannten Einflussaspekte (d.h. des Nutzens- und der Kosten einer Elternschaft) und in diesem Zusammenhang der überwiegende Effekt von Bedeutung. Eine Theorie die nun diese Zusammenhänge betrachtet und dabei auch eine Erklärung für vorhandene negative Einkommenseffekte liefert, ist die ökonomischen Theorie der Fertilität von G.S. Becker.

[32] Z.B. über eine wachsende Konkurrenz der Lebensbereiche (vgl. 2.). Ein Aspekt, der jedoch durch das Einkommen des Partners aufgefangen werden könnte (Brose 2008).

Ökonomische Theorien der Fertilität, allen voran jene von G. S. Becker, bieten einen Rahmen der aufzeigt, in welcher Weise ökonomische Ressourcen die Elternschaftsentscheidungen beeinflussen können. Dabei basieren diese auf der Annahme rational handelnder Akteure (Robinson 1997: 63) und betrachten die Entscheidungen für oder gegen Kinder auf der Basis eines Kosten-Nutzen-Kalküls, in dem sich die vorher genannten Aspekte wachsender finanzieller Ressourcen (z.B. ökonomische Sicherheit & wachsende Konkurrenz der Lebensbereiche) berücksichtigen lassen (vgl. Becker & Barro 1988: 2). Kinder werden dabei als besonderes 'Gut' angesehen, welches ihren Eltern zwar schwerwiegende Kosten (Zeit & Geld), aber auch einen bedeutenden Nutzen einbringen kann. Vor allem Becker argumentiert dabei, dass sich der Nutzen der Kinder sowohl mit der Kinderzahl, als auch ihrer 'Qualität' für die Eltern, verändert (Becker & Barro 1988: 3). Beide Aspekte seien dabei miteinander multiplikativ und interaktiv verknüpft (Robinson 1997: 64). Unter 'Qualität' versteht Becker dabei die Gesamtheit aller Attribute, die Kinder für ihre Eltern wertvoll und attraktiv machen (Robinson 1997: 64). In diesem Zusammenhang wird der erzielte Nutzen, der sich dabei hinter der Attraktivität für die Elterngeneration verbirgt, in einem intergenerationalen Kontext gesehen (Robinson 1997: 64). Denn ein Nutzen kann z.B. die Weiterexistenz der eigenen Dynastie (des eigenen Familiennamens[33]) und der Erhalt des sozialen Status sein. Dabei kann sich die Qualität der Kinder in der Möglichkeit einen solchen Nutzen zu erreichen, aufgrund von ihren Attributen (z.B. ihrer Bildung) durchaus unterscheiden. Gerade vor diesem Hintergrund macht es Sinn, dass die Qualität von Kindern durch Anstrengungen der Eltern erhöht werden kann, z.B. mittels Investitionen in die Bildung der Kinder (Robinson 1997: 64).

Das übergeordnete Ziel der Eltern ist es also ihre multi-generationale Nutzenfunktion zu maximieren (Robinson 1997: 65). Dementsprechend werden unter den Kosten von Kindern nicht nur alle vergangenen oder gegenwärtigen Kosten, sondern auch die zukünftigen Kosten gefasst, die sie erzeugen (Robinson 1997: 65). Es ist dabei fraglich in wieweit die Akteure alle zukünftigen Kosten und

[33] Ein bedeutender Aspekt in vielen Kulturen. So lässt sich z.B. in China der Familienname nur über die männliche Abstammungslinie vererben. Dies hatte dazu geführt, dass die Position von weiblichen Kindern in der Familie (aber aauch in der Gesellschaft) generell niedriger war, als die ihrer Brüder (Scheuch 1987: 51). Auch wurde dadurch eine starke Orientierung hin zu männlichen Nachkommen gefördert (Schlor 1990: 32).

Nutzen tatsächlich einschätzen können, oder im Rahmen ihrer Entscheidungsfindung tatsächlich auch berücksichtigen (Robinson 1997). Allerdings ist anzunehmen, dass es relative Vorstellungen (und damit auch Einstellungen) bezüglich der hohen zukünftigen Kosten von Kindern (z.B. Einschränkung der Biographie) und ihrem möglichen zukünftigen Nutzen (emotionale Beziehungen, Etablierung einer Folgegeneration, z.T. auch die Unterstützung der Eltern im Alter) in der Gesellschaft gibt (vgl. 1.).

Es lässt sich also festhalten, dass sich nach der ökonomischen Theorie der Fertilität Akteure dann für eine Elternschaft entscheiden würden, wenn der Nutzen den sie Kindern attestieren die Kosten überwiegt, wobei Qualität und Anzahl der Kinder sich auf diese Kalkulation auswirken (s.o.). Ein höheres Einkommen bzw. größerer Wohlstand hätten dabei im direkten Effekt zunächst eine positive Wirkung auf eine Elternschaft (Brose 2008: 64). Wie lässt sich dann aber die bisherige Entwicklung der sinkenden Fertilitätsrate bei gleichzeitiger Verbesserung der ökonomischen Lage der Gesellschaft auf Basis der ökonomischen Theorie der Fertilität erklären? Hier wird vor allem auf Basis der gestiegenen Kosten von Kindern und vor allem der Zeitkosten, als auch auf ein mit dem Einkommen gestiegenes Bedürfnis nach Kindern mit hoher 'Qualität', argumentiert (vgl. Robinson 1997: 64):

> *„Thus, the key change over the course of the fertility decline is a preference shift towards higher- quality children, who require more purchased external inputs (particularly resources for education and health) and are more time-intensive within the household. [...] So the cost per child has risen and the number of units demanded fallen.“* (Robinson 1997: 64).

Da der Wert der Zeit zunimmt, werden dementsprechend Kinder als zeitintensives 'Gut' teurer, was wiederum zur Abnahme der Kinderzahl führt – so die Erklärung (Robinson 1997: 64; Friedmann, Hechter und Kanazawa 1994: 379). Gemessene Null- bzw. Negativkorrelationen des Einkommens würden, so Becker, auf die den Kindern beigemessene 'Qualität' zurückgehen (Brose 2008: 32). Damit wird die Abnahme der Fertilitätsrate in ihrer Entwicklung erklärbar (vgl. Nauck 2001: 409).

Die entgegengesetzte Frage, warum sich Menschen unter den Gegebenheit der hohen Kosten und der Unsicherheit **für** Kinder entscheiden, ist damit jedoch noch nicht abschließend benatwortet (Friedmann, Hechter und Kanazawa 1994: 380;

Nauck 2001: 409). Denn im Rahmen der Kosten-Nutzen-Bewertung stellen Friedmann, Hechter und Kanazawa für RC-Theorien fest:

> *„they do not help to explain why people continue to have children in developed societies, where children's instrumental value is negative."* (Friedmann, Hechter und Kanazawa 1994: 375)

Bei der Antwort auf diese Frage, gilt es in besonderer Weise den veränderten Nutzen von Kindern zu betrachten, da sich im Rahmen der Kosten-Nutzen-Abwägung mit dem relativen Verlust des ökonomischen Nutzens von Kindern die möglichen Faktoren auf der „Nutzenseite" und damit die Aspekte sich für eine Elternschaft zu entscheiden scheinbar reduziert haben. Auf der anderen Seite jedoch haben sich vor dem Hintergrund der biographischen Unsicherheit neue Nutzenaspekte von Kindern ergeben. Damit beschäftigt hat sich vor allem die Theorie der '*Values of Children*'.

2.4 Der veränderte Nutzen von Kindern

Wie auch die ökonomische Theorie der Fertilität gezeigt hat, gibt es mehr Einflussfaktoren die bezogen auf die Entscheidungen zur Elternschaft beachtet werden müssen, als nur die Ressourcen und ihre Wahrnehmung. Denn alle Ressourcen nützen nichts, wenn ein Paar keine positive Einstellung gegenüber Kindern besitzt bzw. in Kindern keinen Nutzen sehen (vgl. 2.3). Eine positive Einstellung soll dabei auf den Nutzen zurückgehen, den Eltern Kindern beimessen. An dieser Stelle ergibt sich vor allen für die bisherige Rational-Choice-Annahme ein gewisses Problem. Denn die Kosten von Kindern sind aufgrund der Kontingenz der Zukunft nur schwer einzuschätzen und stellen sich weiter als äußerst schwerwiegend (zeitintensiv) dar. Eine Antwort auf die Frage, welchen Nutzen die Akteure den Kindern sonst noch beimessen können, nachdem diese ihren ökonomischen Nutzen verloren haben (Günther 2002: 259-260), gibt die Theorie der '*Values of Children*' (vgl. Marbach & Tölke 2007: 247; Friedmann, Hechter & Kanazawa 1994: 380). So besagt die Theorie, dass Kinder z.B. ihren Eltern exklusive emotionale Beziehungen, also psychischen und sozial-normativen Nutzen, aber auch Ansehen in der Gesellschaft liefern (vgl. Marbach & Tölke

2007: 247; Friedmann, Hechter & Kanazawa 1994: 380; Nauck 2001). Auch können sie verstärkend auf die Paarbeziehung wirken (Nauck 2001). Wichtiger noch als die bisherigen Aspekte ist in der Theorie jedoch erneut die Tatsache, dass Kinder die biographische Unsicherheit der Akteure über die durch sie verursachten Beschränkungen verringern und so Sicherheit schaffen können (Friedman, Hechter & Kanazawa 1994: 381). Ein ebenfalls bedeutender Nutzen vor der bereits mehrfach genannten Entwicklung. Denn damit ergibt sich ebenfalls die Möglichkeit, dass Kinder bewusst zur Verringerung von Unsicherheiten im Lebens-lauf eingesetzt werden, wie es bereits beschrieben wurde (vgl. 2.2.4).

Festzuhalten ist, dass sich über die beschriebenen Nutzenaspekte die Elternschaftsentscheidungen in beide Richtungen (dafür bzw. dagegen) erneut auf Basis der RC-Theorien erklären lassen.

2.5 Soziale Netzwerke und Elternschaft

Ein Ursprung solcher Kosten- und Nutzen-Einstellungen zur Elternschaft mögen die Werte und Einstellungen der sozialen Gruppen bzw. sozialer Netzwerke[34] sein, denen die Akteure angehören. Denn soziale Netzwerke bilden den Raum, in denen die Akteurs sich bewegen, handeln und entscheiden[35]. Dabei liefern diese Netzwerke den Akteuren neben der Vorstellung von Werten und Normen wie sie sich zu verhalten haben, zugleich auch eine Vorstellung bezüglich „der Abfolge bestimmter Lebensereignisse“ (Bernardi, Keim & von der Lippe 2006: 359). Dies geht so weit, dass eine gewisse Synchronisierung von Timingentscheidungen und Lebenslaufereignissen bei Mitgliedern eines sozialen Netzwerkes stattfinden kann (Bernardi, Keim & von der Lippe 2006: 360).

Erklären lässt sich dieser Einfluss des sozialen Netzwerks z.B. mittels verschiedener Theorien der Sozialpsychologie: Hier sind vor allem die Kohäsions- und die Affiliationstheorie zu benennen, die zeigen, dass Mitglieder einer sozialen Gruppe

[34]Als sozialen Netzwerk lässt sich dabei nach Wagner und Wolf 2001 „ein Beziehungsgeflecht zwischen Personen, Gruppen oder Organisationen verstehen“, dass in seiner einfachsten Form aus zwei Personen besteht (Wagner & Wolf 2001: 531).

[35] So gehört jeder Mensch mit seiner Geburt zumindest einer sozialen Gruppe an, die ihn beeinflusst: im Normallfall seine Herkunftsfamilie (Thormann 1980: 57).

ihre Meinungen, Ziele und Wertorientierungen an die der Gruppe anpassen, um von der Gruppe beispielsweise nicht sanktioniert zu werden (vgl. Witte 1987: 209-210; Forgas 1999: 272, 269-270). Sich an Gruppennormen zu halten, scheint ein auf den ersten Blick nicht so bedeutender Gedanke zu sein. Doch die Tatsache, dass wir nicht ohne die Gesellschaft anderer Menschen existieren können, zwingt uns mit anderen Menschen zu kooperieren (führt Isolation beispielsweise zu körperlichen und psychischen Schäden; vgl. Forgas 1999: 185-189).

Neben Werten und Vorstellungen liefert die umgebende soziale Gruppe liefert den Akteuren jedoch noch mehr, wie z.B. in der Austauschtheorie beschrieben wird: sie beeinflusst nicht nur die Erwartungen und die Rationalitäten der Akteure, sondern kann ihnen zudem als Quelle von Unterstützungsleistungen (sozialem Kapital) dienen (Bernardi, Keim & von der Lippe 2006: 360). Damit sind jedoch bisher nur mögliche Mechanismen nach denen sich eine soziale Gruppe, oder hier ein soziales Netzwerk, auf seine Mitglieder auswirken kann, genannt worden. Insgesamt lassen sich nach Keim, Klärner und Bernardi vier unterschiedliche Mechanismen ausmachen über die das sozialer Netzwerke der Akteure Einfluss auf ihr Verhalten nimmt (Keim, Klärner und Bernardi 2009: 896-897):

I. *über Social Support* (d.h. über finanziellen, emotionalen aber auch beratende Unterstützungsleistungen).
II. *über Social Pressure* (d.h. über sozialen Druck vermitteltes Verhalten).
III. *über Social Learning* (d.h. über Vermittlung von Verhaltensintentionen durch Erfahrungen/Erlebnisse im sozialen Netzwerk).
IV. über *Social Contagion* (d.h. über Bedürfnisentwicklung durch das soziale Netzwerk – z.B. würde demnach ein häufiger Kontakt mit Kindern innerhalb des Netzwerks zu einer positiveren Einstellung gegenüber einer Elternschaft führen).

Da über diese Mechanismen die umgebenden sozialen Netzwerke auch auf die Fertilitätsentscheidungen der Menschen sich auswirken (z.T. in 2.2 beschrieben), gilt es diese in den Analysen der Elternschaftsentscheidungen entsprechend zu berücksichtigen. Denn es wäre z.B. vorstellbar, dass trotz einer auf Basis der Kosten-/Nutzen-Bewertung positiven Einstellung von Akteuren zu Kindern, oder auch einer guten Ressourcenlage, eine Familiengründung auf Druck des sozialen

Netzwerks nicht vorgenommen wird (vgl. 2.2). Ein entsprechender Versuch der Angliederung des Netzwerkeinfusses wird in der Darstellung des Untersuchungsmodells vorgenommen (vgl. 3.4).

2.6 Die Theorie geplanten Verhaltens (TOPB)

Es wird also davon ausgegangen, dass sich Menschen subjektiv rational verhalten und dass dieses Verhalten von den Einstellungen (vgl. 2.4), den Werten und Normen der sozialen Umgebung (vgl. 2.4), vorhandenen Ressourcen (vgl. 2.2.4) und anderen subjektiven Kriterien einer Person abhängig ist. Dies lässt die Analyse eines speziellen Verhaltens, wie das der ersten Familiengründung, zu einer recht schwierigen und komplexen Aufgabe werden, da sich die möglichen Einflussfaktoren damit als sehr vielseitig gestalten (Ajzen 1991: 180-181). Es ist daher von Vorteil ein Modell zur Erklärung von Verhalten zu nutzen, welches eine Anschlussfähigkeit dieser Einflussfaktoren (Einstellung, Einflüsse der sozialen Umgebung, Ressourcen) erlaubt und Verhalten auf eine mikroebene erklären kann. Ein solches Modell ist in der von Ajzen aufgestellten *'Theorie geplanten Verhaltens'* zu finden, dass den Anspruch erhebt, spezifische Verhaltensweisen erklären und voraussagen zu können (Ajzen 1991: 181; Borchardt & Stöbel-Richter 2004: 30). Aus diesem Grund soll die *'Theorie geplanten Verhaltens'* zur weiteren Analyse des Verhaltens der ersten Familiengründung genutzt werden.

Die *Theorie geplanten Verhaltens* ist eine Weiterentwicklung der *Theorie des überlegten Handelns* von Ajzen und Fishbein (Ajzen 1991: 181; Borchardt & Stöbel-Richter 2004: 30). Wie schon in der Theorie des überlegten Handelns, spielt auch in dieser Theorie die Unterscheidung der Intention eines Verhaltens vom tatsächliche Verhalten eine zentrale Rolle (Ajzen 1991: 181; Borchardt & Stöbel-Richter 2004: 30). Denn in beiden Theorien geht Ajzen davon aus, dass die Verhaltensintention eines Menschen, als Faktor der Motivation ein bestimmtes Verhalten durchzuführen, als Ursache eines beobachtbaren Verhaltens angesehen werden kann[36] (Borchardt & Stöbel-Richter 2004: 30; Ajzen 1991: 181-182). In der *Theorie geplanten Verhaltens* wurde schließlich die Kontrollwahrnehmung einer

[36] Je größer dabei die Motivation bezüglich eines Verhaltens ist, umso wahrscheinlicher ist es dieses Verhalten beobachten zu können (Ajzen 1991: 181).

Person, unter der die *subjektive Verhaltenskontrolle* und die *tatsächliche Verhaltenskontrolle*[37] einer Person zusammengefasst werden (Ajzen 1991: 183), als zweite Ursache von Verhalten hinzugefügt (vgl. Borchardt & Stöbel-Richter 2004: 32). Dahinter stand die Erkenntnis, dass Verhalten nicht „nur der willentlichen Kontrolle", sondern seine „Realisierung bestimmte Kenntnisse und Fähigkeiten, sowie Gelegenheiten, Zeit, Mitteln" usw. erfordert (Borchardt & Stöbel-Richter 2004: 31; Ajzen 1991: 181-182). Die Intention selbst, d.h. die Motivation ein Verhalten durchzuführen, wird dabei letztendlich additiv aus drei verhaltens-spezifischen Hintergrundfaktoren, die im Laufe der Forschungsarbeit selbst schon indirekt benannt wurden, gebildet (vgl. Abb.1). Dies sind:

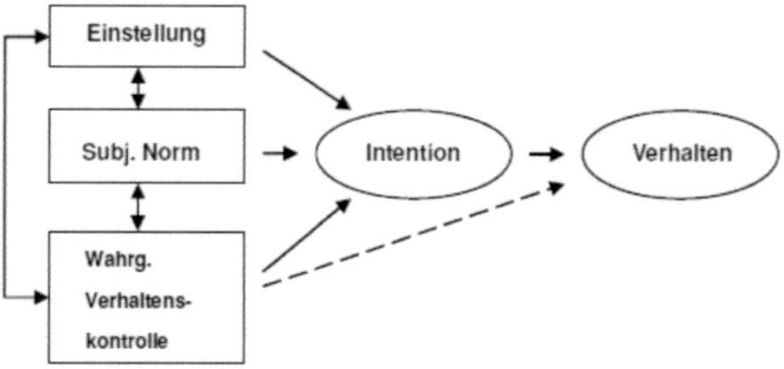

Abb.1: Modell der Theorie geplanten Verhaltens von Ajzen

- die *Einstellung* bezüglich eines Verhaltens – which „is the degree to which performance of the behavior is positively or negatively valued" [38];
- die subjektive Norm – which „is the perceived social pressure to engage or not to engage in a behavior"[39]. D.h. die vom Akteur angenommenen Reaktionen/Erwartungen seines sozialen Umfeldes bezüglich der Durch-führung/der Unterlassung eines bestimmten Verhaltens (Borchardt & Stöbel-Richter 2004: 30, 32);

---

[37]Unter tatsächlichen Kontrolle ist das tatsächliche Ausmaß der Kontrollierbarkeit eines Verhaltens auf der Basis vorhandener Mittel eines Akteurs zu verstehen, wohingegen unter der subjektiven Verhaltenskontrolle die Annahmen eines Akteurs ein Verhalten kontrollieren zu können, gefasst werden. Beides muss aufgrund von z.B. mangelndem Wissen oder „Fehleinschätzungen" nicht immer übereinstimmen (Borchardt & Stöbel-Richter 2004: 32).

[38] Vergleiche dazu auf der Internetseite von Icek Ajzen unter: http://people.umass.edu/aizen/tpb.diag.html#null-link (25.01.2008).

[39] Siehe 41

- und die benannte wahrgenommene Verhaltenskontrolle – which „refers to people's perceptions of their ability to perform a given behavior."[40]

Neben der Tatsache, dass sich die Theorie bereits mehrfach als Werkzeug zur Untersuchung von Fertilitätsentscheidungen bewährt hat (vgl. Stöbel-Richter 2000; Borchardt & Stöbel-Richter 2004), muss jedoch auf eine Unschärfe der Theorie hingewiesen werden: Diese bezieht sich nämlich auf ein zu einem Zeitpunkt beobachtbares Verhalten, das von den zu diesem Zeitpunkt herrschenden und auf das Verhalten bezogenen Gegebenheiten abhängig ist (Ajzen 1991: 181-182). Der Theorie fehlt in diesem Zusammenhang der Einbezug der Zukunft, aus dem sich die bisher dargestellte Unsicherheit im Entscheidungskontext ableitet bzw. die dafür sorgt, dass sich die Theorie auf die Intention eines zukünftigen Verhaltens beziehen lässt. Der Einbezug der Zukunftsperspektive in die Abwägungen der Akteure ist jedoch ein nicht zu vernachlässigender Aspekt, da ein gegenwärtiges Verhalten nicht nur von vergangenen Erfahrungen und Verhaltensweisen abhängt, sondern gerade auch von zukünftigen Erwartungen beeinflusst wird (Huinink & Konietzka 2007: 44, 51). Bei näherer Betrachtung der *Theorie geplanten Verhaltens* lässt sich jedoch festhalten, dass sie den Zukunftsbezug nicht ausschließt, sondern nur offenlässt. Indirekte Zukunftserwartungen der Akteure werden sogar in die Theorie thematisiert. So wäre der in der subjektiven Norm angesprochene angenommene soziale Druck, ein bestimmtes Verhalten einzugehen, für die Akteure vernachlässigbar, bestünde für die Akteure nicht die Gefahr von in der Zukunft liegenden Konsequenzen in diesem Bereich gegeben. Auch für die Einstellung bezüglich eines Verhaltens lassen sich in der Theorie indirekt formulierte Zukunftserwartungen finden. Denn Kosten-Nutzen-Kalkulationen, aus denen sich dann die Bewertung der Einstellung zu einem Verhalten ergibt, machen nur vor dem Hintergrund der erwarteten Kosten und Nutzen, die sich aus einem Verhalten ergeben können, einen Sinn. So ließe sich die *Theorie geplanten Verhaltens* einfach um den Zukunftsbezug erweitern, indem dieser den drei verhaltensspezifischen Hintergrundfaktoren allgemein vorgelagert wird. Dabei würde die Theorie jedoch auf die Beobachtung der Verhaltensintention verkürzt, da im Falle des Zukunftsbezugs noch kein beobachtbares Verhalten vorhanden sein kann.

[40] Siehe 41

3. Entwicklung der Fragestellung, Aufbau der Untersuchung und Hypothesenbildung

Während im ersten Abschnitt der Arbeit der theoretische Hintergrund der Fragestellung der Untersuchung erläutert wurde, soll im folgenden Teil auf die Forschungsfrage im Zusammenhang mit dem Aufbau und der Durchführung der Untersuchung eingegangen werden.

3.1 Entwicklung der Fragestellung

Die Optionserweiterung im Lebenslauf hat zur Entstehung einer neuen bedeutenden Unsicherheit geführt: dem Risiko sich falsch zwischen den Lebenslaufoptionen entscheiden zu können (vgl. 2.2). Von dieser Unsicherheit ist die Familiengründung besonders betroffen, da sie für den Akteur, aufgrund der langwierigen Festlegungen die mit ihr einhergehen, ein besonders großes Risiko an ungewollten Folgen bietet (z.B. dem Wegfall von Lebenslaufoptionen; vgl. Huinink & Konietzka 2007: 162). Diese Unsicherheit der Falschentscheidung könnte die Bedeutung von Ressourcen (Zeit & Geld) als Entscheidungskriterium steigern, da sie ein wirksames Mittel zur Minimierung solcher möglichen Gefahren (Unsicherheiten der Falschentscheidung) für den Akteur darstellen (vgl. 2.2.4). Daneben dienen die finanziellen Ressourcen auch zur Reduzierung ökonomischer Unsicherheiten, die vor dem Hintergrund der biographischen Unsicherheit aufgrund der hohen Kosten von Kindern und der Frage der zukünftigen Versorgung der Familie verstärkt entstehen könnten (vgl. 2.). Im Rahmen dieser Annahmen würden dann fehlende finanzielle Ressourcen bzw. eine schlechte Bewertung der eigenen finanziellen Lage im direkten Einfluss negativ auf die Entscheidung eines Akteurs auswirken und sich z.B. in einem Aufschub der der potentiellen Elternschaft äußern (vgl. 2.2.4).

Die bisher dargelegten Argumente führen also zu der Vermutung, dass sich über die vorhandenen finanziellen Ressourcen und ihrer Bewertung, die Bereitschaft und die Intention eine erste Elternschaft umsetzen zu wollen erklären lassen könnte[41]. Dies

[41] Dass ein solcher Zusammenhang zwischen den getroffenen Entscheidungen zur Elternschaft und dem Vorhandensein von finanziellen Ressourcen tatsächlich existiert, hatte Bien et al. mittels der Daten der ersten beiden Wellen des Familiensurvey bereits nachweisen können (vgl. Onnen-Isemann 2003: 100-101).

gilt es jedoch empirisch zu überprüfen. So lautet die Fragestellung der Untersuchung:

Lässt sich der Kinderwunsch und die Timingintention der ersten Elternschaft über vorhandene finanzielle Ressourcen und deren Bewertung erklären?

3.2 Untersuchungsaufbau

Die Forschungsarbeit konzentriert sich entsprechend der Forschungsfrage auf die Betrachtung der Verhaltensintention der Familiengründung von Kinderlosen, da die Entscheidung für eine erste Elternschaft als Prozess anzusehen ist, über den keine Variablen zum jeweiligen Entscheidungszusammenhang der Akteure die bereits Kinder haben vorliegen bzw. nachvollzogen werden können.

Wie sich bereits anhand der Fragestellung verdeutlicht hat (vgl. 3.1), wird an dieser Stelle zudem zwischen dem Kinderwunsch an sich und der Timingintention einer ersten Elternschaft unterschieden. Hintergrund dieser Unterscheidung ist die Tatsache, dass es sich bei dem Kinderwunsch und der Timingintention um unterschiedliche Ebenen der Fertilitätsentscheidungen handelt. Während sich die Entscheidung zur Timingintention mit der konkreten Umsetzung einer ersten Elternschaft beschäftigt, stellt der Kinderwunsch zunächst eine (im Normalfall) Grundvoraussetzung für eine erste Elternschaft dar. Der reine Kinderwunsch wäre an dieser Stelle daher zunächst als Einstellungsfrage zu sehen, der damit auf den ersten Blick in diesem Sinne nicht von Ressourcenabwägungen abhängen dürfte. Auf der anderen Seite jedoch kann sich die Entwicklung eines Kinderwunsches je nach sozio-ökonomischer Lage unterscheiden, denn dieser besteht nicht von Anfang an. So entwickeln Männer einen konkreten Kinderwunsch zumeist erst im Laufe der Zeit innerhalb einer stabilen Partnerschaft (Borchardt & Stöbel-Richter 2004: 114) und konkret vermutlich auch auf Basis einer gesicherten ökonomischen Lage, da sie mit Kindern „häufiger und stärker als Frauen negative Konsequenzen assoziieren (Hank & Tölke 2005: 10). In diesem Zusammenhang könnten Ressourcen, die erneut ein Gefühl von (biographischer) Sicherheit vermitteln (vgl. 2.2.4), wiederum von Bedeutung sein. Für Frauen hingegen könnten mit den finanziellen Ressourcen die Integration in den Lebensbereich Beruf zunehmen, was sich aufgrund einer anderen Gewichtung der Lebensbereiche zu einer Abnahme des Kinderwunsches führen könnte, da sie die Kosten einer Elternschaft höher bewerten (Eckhard & Klein 2006: 54). Empirische Belege für einen Einfluss der ökonomischen Ressourcen und dem Kinderwunsch sind schlussendlich bei Onnen-Isemann (2008) zu finden. Sie stellt in ihren Betrach-tungen der Daten des Familiensurveys 2000 fest, dass ein hoher signifikanter Zusammenhang zwischen dem Einkommen einer Person und ihrem Wunsch nach Kindern besteht (vgl. Onnen-Isemann 2008: 134).

In diesem Zusammenhang sollen zudem nur kinderlose Personen und nicht der Wunsch nach weiteren Kindern betrachtet werden, da zu vermuten ist, dass sich mit der Geburt eines Kindes die Einstellungen bezüglich der Kosten und des Nutzens weiterer Kinder ändern. So merkt z.B. Brose (2008) an, dass der Grenznutzen von Kindern, der durch ihren Beitrag zur Steigerung des psychischen Wohlbefindens gegeben ist, mit der Zahl der Kinder abnimmt (vgl. Brose 2008: 31). Für diese Vermutung spricht zudem, dass die Entscheidung zum ersten Kind die Gründung einer Familie und die Entscheidung zum zweiten Kind deren Erweiterung betrifft (vgl. Bernhard & Kurz 2007: 6). Ebenfalls aus der Fragestellung ergibt sich, dass in der Untersuchung nur Personen die in einer Partnerschaft leben, betrachtet werden, da zum einen Paare den natürlichen Ort der Familiengründung darstellen[42].

Da die fertile Phase der Frau begrenzt ist und sich auch für Männer eine Altersgrenze feststellen lässt, ab der eine Elternschaft eher unwahrscheinlich wird[43], werden nur Personen bis 42 Jahre in der Untersuchung betrachtet. Ab diesem Alter wird eine Elternschaft als eher unwahrscheinlich eingestuft, wobei diese jedoch für einige Jahre noch möglich ist, so dass gleichzeitig die Intention eine erste Elternschaft umsetzen zu wollen, noch betrachtet werden kann. Die Grenze 42 wurde zudem genutzt, um im Rahmen der Bildung von Altersgruppen im Familiensurvey Gruppen mit gleich großen Altersspannen erstellen zu können. Die Altersgruppen sollen dabei genutzt werden, um indirekt den Einfluss bestimmter

---

[42] Für diese Perspektive spricht nach Klein (2003), dass der Beginn des Zeitrahmens ab dem ein Akteur ‚at risk' ist eine Elternschaft einzugehen, nicht „mit dem Beginn der biologischen Fruchtbarkeit, sondern mit dem Beginn der Partnerschaft gleichzusetzen" ist (Klein 2003: 507).

[43] Schmitt konnte in seinen Analysen des SOEP zeigen, dass bei Männern jenseits des 45. Lebensjahres der Übergang zur Vaterschaft eher eine Ausnahme darstellt (Schmitt 2005: 18).

Lebensphasen der Menschen zu überprüfen. Denn es ist anzunehmen, dass sich der Kinderwunsch in seinem Stellenwert je nach Alter einer Person unterscheidet. So ist z.B. vorstellbar, dass jüngere Personen in der Untersuchung zunächst noch mit der Ausbildung beschäftigt sind und daher noch keinen direkten Kinderwunsch entwickelt haben bzw. konnten.

3.2.1 Die Daten des Familiensurvey 2000

Zur Untersuchung der Fragestellung werden vor allem die Daten des Familiensurvey 2000 verwendet. Der Familiensurvey ist eine wiederholte Befragung des Deutschen Jugendinstituts (DJI) im Auftrag des Bundesfamilienministeriums, der im Rahmen des Projekt "Wandel und Entwicklung familialer Lebensformen" umgesetzt wurde. Insgesamt wurden bisher drei Erhebungswellen durchgeführt: die Erste 1988 (ergänzt um eine eigenständige Welle 1990 für Ostdeutschland), die Zweite 1994 und die dritte Welle im Jahr 2000. Zentraler Gegenstand der Untersuchungen ist die Berichterstattung über die Lebenssituation von Familien in Deutschland und deren Entwicklung[44]. In diesem Zusammenhang beinhalten die einzelnen Untersuchungswellen zudem einen Panel-Part, der im Rahmen der hier vorliegenden Untersuchung jedoch nicht genutzt wird.

Aufgrund der genannten Ziele der Erhebungen eignen sich die Daten des Familiensurveys 2000, obwohl sie schon etwas älter sind, recht gut, um das Fertilitätsverhalten in Deutschland zu untersuchen und abzubilden. Die Daten des Familiensurvey sind Eigentum des Deutschen Jugendinstituts und können vom DJI für wissenschaftliche Zwecke bezogen werden. Die in der Untersuchung verwendeten Variablen und Items des Familiensurvey 2000 werden im dritten Teil der Arbeit im Einzelnen in der univariaten Analyse genau vorgestellt. Die Daten wurden nicht gewichtet, da die ungewichteten Daten grundlegende Verteilung der Bevölkerung nach dem Alter und dem Geschlecht in einem noch akzeptablen Rahmen widerspiegelt“ (siehe Methodenbericht[45] des Familiensurveys: 13).

---

[44] Vgl. auf der Internetseite des DJI unter: http://www.dji.de/cgi-bin/projekte/output.php?projekt=41 (11.12.2009).
[45] Erhältlich unter: http://db.dji.de/surveys/index.php?m=msw,2&sID=5 (11.12.2009)

3.2.2 Zusatzbefragung von Studierenden der Universität Bremen

Die Daten des Familiensurvey 2000 wurden durch eine Zusatzbefragung von Studierenden der Universität Bremen um neue Variablen ergänzt, die im Rahmen eines in die Ausbildung an der Universität Bremen integrierten Forschungspraktikums vorgenommen wurden. Dabei wurden im Wintersemester 2007/08 in zufällig ausgewählten Seminaren und Vorlesungen an die Erstsemesterstudierenden der Bachelor Studiengänge Soziologie, BWL und Rechtswissenschaften Fragebögen verteilt. Die Fragebögen enthielten alle relevanten Variablen des Familiensurvey 2000, die zum Teil gekürzt, mindestens jedoch in ihrer Formulierung der Zielgruppe angepasst wurden. Die Beschränkung nur Erstsemesterstudierende zu befragen, erfolgte aufgrund der besseren Erreichbarkeit dieser Studierenden. Der Vergleich verschiedener Fachrichtungen diente der Kontrolle unterschiedlicher Vorstellungen bezüglich einer Familiengründung zwischen den Fachrichtungen, die im Sinne einer subjektiven Norm wirken könnten.

Die für die Untersuchung wichtigste neue Variable, die in der Zusatzbefragung erhoben wurde, ist das Zeitempfinden der Studierenden. Denn die „Zeit [ist] die Koordinate […], die den Rahmen für menschliches Handeln absteckt“ (Pelizäus-Hoffmeister 2006: 64). Dies ist in unser aller Leben jeden Tag direkt spürbar, da wir unseren Tagesablauf aber auch unsere Arbeitsorganisation an der Zeit orientieren. Darüber, so Albert (2003), beeinflusst die Zeit unsere „[...] Erwartungs- und Planungshorizonte“ und schließlich unser Zeitbewusstsein, was sich auf die Lebensplanung auswirkt (Albert 2003: 24).

Bei all dem ist die Zeit jedoch ein gesellschaftliches Konstrukt (vgl. Gronemeyer 1996: 78-79), welches sich durchaus von Mensch zu Mensch unterscheiden kann. So gab es über die Geschichte hinweg verschiedene Vorstellungen und Wahrnehmungen von Zeit, die das Leben der Menschen unterschiedlich gliederte. Dem modernen Zeitverständnis der Vorstellung eines linearen Zeitverlaufes, ging dabei die Vorstellung eines zyklischen Zeitbewusstseins voraus (das Zeitverständnis im Mittelalter), dass vor allem an der Natur und den Jahreszeiten orientiert war und die Arbeitsorganisation der Menschen entsprechend gliederte (vgl. Gronemeyer 1996: 78-79). Mit der modernen Zeit entstand dann das

Bewusstsein einer ‚vergänglichen' Zeit, was zugleich eine Zukunftsorientierung der Menschen ermöglichte und förderte[46] (vgl. Gronemeyer 1996: 82). Dies sorgte jedoch bis heute für eine Beschleunigung des Zeitempfindens der Menschen und lässt die Empfindung der gegenwärtigen Zeit schrumpfen (vgl. Gronemeyer 1996: 82-84, 87; Schilling 2005: 69). Zeit ist so zu einem als immer kostbarer geltenden Gutes geworden, dass einzusparen gilt[47] (vgl. Held 2002: 23-24; Schilling 2005: 181-182). Doch die Zeit „verrinnt" heute nicht nur scheinbar schneller, sie wird aufgrund des Schwindens von Normalbiographien, der stärker werdenden Kontingenz der Zukunft, der damit zusammenhängenden Planungsunsicherheit und der Konzentration auf die gegenwärtige Zeit „immer stärker punktförmig [...] und fragmentiert wahrgenommen" und empfunden (Albert 2003: 125; vgl. auch Pelizäus-Hoffmeister 2006: 64-65). In diesem Zusammenhang, so Albert (2003), ist heute bereits ein neues Zeitbewusstsein entstanden, dass der digitalisierten Zeit[48] (vgl. Albert 2003: 127-128). Eine Entwicklung die auch in der heutigen Arbeitsorganisation zu finden ist, in der die Arbeitsprozesse mehr und mehr in Arbeitsschritte zerlegt werden (vgl. Albert 2003: 128). Es können also drei unterschiedliche Formen des Zeitempfindens festgestellt werden: das zyklische, das lineare und das fragmentierte Zeitempfinden. Die Frage die sich nun stellt ist: Wenn das Zeitbewusstsein einen Rahmen für unsere Zukunftsplanungen setzt (s.o.), wie beeinflussen oder gar befördern dann die möglichen Zeitvorstellungen mit ihren Charakteristika die Entscheidungen zur Elternschaft? Diese Frage soll mit der Studentenbefragung beantwortet werden.

---

[46] Nach Schilling (2005) ermöglicht erst die Modernisierung der Zeit, d.h. das lineare Zeitbewusstsein, Zukunftsplanungen (Schilling 2005: 165-166). Denn bei einem zyklischen Zeitbewusstsein wäre nur jeweils die Planung für den nächsten Zyklus möglich (Gronemeyer 1996: 79-82).

[47] Zeit wird vor allem versucht durch Geschwindigkeit im und auf Kosten des Raumes zu gewinnen (Gronemeyer 1996: 87, 91, 107-117; Berghaus 2004: 168).

[48] Dieses neue Zeitbewusstsein und seinen Unterschied zur linearen Zeit verdeutlicht Albert (2003) am Vergleich einer klassischen Zeigeruhr mit einer Digitaluhr: An „[...]der klassischen Zeigeruhr sind zwei Zeitformen unübersehbar, zum einen ihr kreisförmiger Gang, die Zyklizität, zum anderen ihr stetiges, stufenloses Voranschreiten, die Linearität. [...] Bei der Digitaluhr hingegen verschwinden die Zeitstrecken, was stetig und kontinuierlich war, wird in punktförmige Einzelschritte aufgelöst. [...] Die Veränderung der digitalen Werte erfolgt in Sprüngen." (Albert 2003: 128).

Um nun das Zeitempfinden der Studierenden zu erheben und seinen Einfluss auf die Planung der Elternschaft zu überprüfen, wurde eine Idee von Schilling (2005) herangezogen, die unter anderem mittels der Darstellungen verschiedene Formen, die für unterschiedliches Zeitempfinden stehen, versucht das Zeitempfinden der Befragten zu erfassen (vgl. Abb.2 Anhang; Schilling 2005: 135). Obwohl sie diese Darstellungen nur zur Anregung der Befragten benutzt, um deren Zeitempfinden später genauer zu erfassen, erscheint mir diese Idee scheint recht sinnvoll zu sein, da sich das Zeitempfinden wegen seiner Individualität in standardisierten Untersuchungen nur schlecht durch vorgefertigte Kategorien erheben lässt (Schilling 2005: 124, 135). Obwohl dies nach Schilling auch für bildliche Darstellungen zutrifft soll das Zeitempfinden der Studierenden durch vier Abbildungen erhoben werden. Darin sind ein Kreis für das zyklische, eine Linie für das lineare, eine zerbrochene Linie für das fragmentierte und ein Kringel für ein gemischtes Zeitbewusstsein (zwischen Kreis & Linie), enthalten (vgl. Abb.3 Anhang).

3.3 Modell zur Erklärung der Verhaltensintention der Familiengründung

Auf der Basis der bisher erarbeiteten theoretischen Zusammenhänge (vgl. 2.2.4, 2.3-2.6; 3.2) wurde zur Beantwortung der Fragestellung der Untersuchung ein Modell zur Erklärung der Verhaltensintention der Familiengründung auf Basis der TOPB entwickelt. Dieses wurde entsprechend der Fragestellung der Untersuchung auf die Betrachtung der Verhaltensintention begrenzt. Wie die Abb.4 zeigt, sollen sich entsprechend der TOPB der Kinderwunsch und die Timingintention der ersten Elternschaft aus den drei Hintergrundfaktoren, d.h. Einstellung zu Kindern, der subjektiven Norm und der wahrgenommenen Verhaltenskontrolle, ergeben.

Wie im Rahmen der Darstellung der ökonomischen Theorie der Fertilität und der Theorie der 'Values of Children' verwiesen wurde, sind zunächst die Einstellungen der Befragten zu Kindern zu beachten, die sich aus den Kosten-Nutzen-Kalkulationen der Akteure, die vor dem Hintergrund ihrer sozio-ökonomischen Lage gebildet werden, ableiten sollen (vgl. 2.3 & 2.4). Denn unter Kontrolle der Kosten- und Nutzen-Bewertungen, sollten sich für die finanzielle Ressourcen positive Einflusseffekte im Bezug auf die erste Elternschaft ergeben, so die Vermutung (vgl. 2.3).

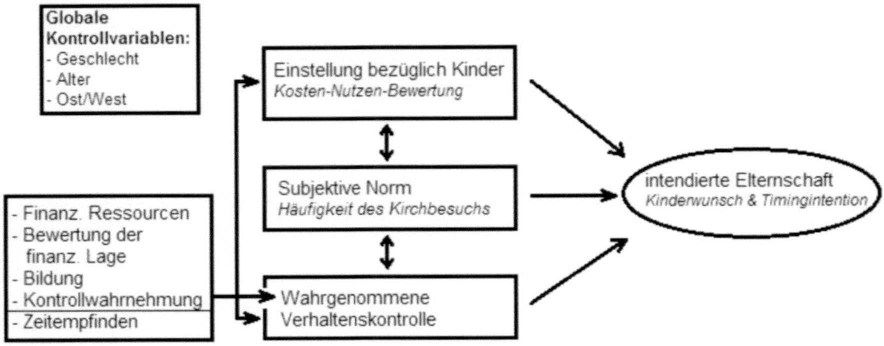

Abb.4: Untersuchungsmodell auf Basis der TOPB

Daneben sollen jedoch auch die sozialen Netzwerke der Akteure ihr Verhalten und ihre Einstellungen beeinflussen können. Dies wird im Rahmen des vorliegenden Modells durch die Berücksichtigung der subjektiven Norm abgedeckt. Da im Datensatz jedoch keine entsprechenden Variablen zur Abbildung der subjektiven Norm (und damit eines Netzwerkeffekts) vorhanden sind, wird versucht diese indirekt über die Religiosität einer Person abzubilden, da viele Religionen Normen bezüglich einer Elternschaft (aber auch bezüglich der Verhütung) enthalten und diese entsprechend vermitteln. Personen die dabei einer religiösen Gruppe zugehörig und in dieser stärker integriert sind, müssten, so die Vermutung, diesen Normen stärker folgen, als nicht religiöse bzw. nicht so stark in religiöse Gruppen integrierte Personen.

Als Hauptpfeiler zur Erklärung des Kinderwunsches und der Timingintention der ersten Elternschaft dient vor allem der dritte Hintergrundfaktor: die wahrgenommene Verhaltenskontrolle. Als Indikator für die wahrgenommene Verhaltenskontrolle einer Person im Kontext der Elternschaftsentscheidungen dienen entsprechend der bisher dargestellten theoretischen Annahmen vor allem die finanziellen Ressourcen einer Person (vgl. 2.2.4). Denn die vorhandenen Ressourcen bilden neben der vorhandenen Bildung den Rahmen in denen die Akteure handeln können und beeinflussen so auch ihre Teilhabe an der Gesellschaft bzw. damit den Handlungsrahmen einer Person.

Daneben fließt auch die Bewertung der eigenen finanziellen Ressourcen ins Modell mit ein, da bei gleicher Höhe, die vorhandenen finanziellen Ressourcen unterschiedlich bewertet werden können. So mag ein Einkommen von ca. 2000€ im Monat dem Einen viel und ausreichend erscheinen (basierend auf seinem Lebensstandard). Eine anderen Person könnte diese finanzielle Lage jedoch durchaus unterschiedlich bewerten. Zudem können über den Einbezug der konkreten finanziellen Ressourcen an sich und der Bewertung der eigenen finanziellen Lage die anfangs unterschiedenen Effekte des ökonomischen Hintergrundes (Teilhabe an der Gesellschaft & ökonomische Sicherheit) separat betrachtet werden. Die Bewertung der eigenen finanziellen Lage soll dabei als Indikator für die ökonomische Sicherheit dienen. Die tatsächlich vorhandenen Ressourcen sollen dabei als Merkmal die Möglichkeiten der Teilhabe an der Gesellschaft bzw. indirekt auch die Erwerbsintegration aufzeigen.

Zudem soll der Einfluss des Bildungsniveau als Teil der wahrgenommenen Verhaltenskontrolle betrachtet werden. Denn schließlich erhöhen sich mit der Bildung nicht nur die Wahlmöglichkeiten im Lebenslauf (vgl. Birg 1992: 198), was sich ebenfalls auf die Teilhabe an der Gesellschaft auswirkt, sondern auch die Einkommenschancen (vgl. Brose 2008: 33). Da wie bisher deutlich wurde, nicht unbedingt ein linearer Effekt der Bildung zu erwarten ist (beispielsweise könnte sich für niedrig gebildete Frauen die Chance eine erste Elternschaft früher umzusetzen, wegen fehlender beruflicher Perspektiven erhöhen; Kreyenfeld 2008: 250), wird der Einfluss der Bildung anhand von Bildungsgruppen kontrolliert.

Ebenfalls soll die subjektive Kontrollwahrnehmung einer Person, als weiterer Indikator für die wahrgenommenen Verhaltenskontrolle, in die Analysen mit einbezogen werden. Denn diese gibt einen Hinweis darauf, wie die befragten Personen die Kontrolle über ihre eigene Zukunft ansehen. Damit kann die subjektive Kontrollwahrnehmung indirekt auch als Indikator für die angenommene biographische Unsicherheit durch eine Person genutzt werden.

Schließlich soll als letzter Indikator noch das Zeitempfinden einer Person berücksichtigt werden. Denn dieses soll einen Einfluss auf die Möglichkeiten der Planung der Elternschaftsentscheidungen haben (vgl. 3.2.2).

Neben den bisher genannten Einflussvariablen sollen abschließend das Alter und das Geschlecht einer Person als globale Kontrollvariablen in die Analysen eingebracht werden. Denn zum einen sind die Folgen einer ersten Elternschaft für die Geschlechter unterschiedlich - so sind vor allem die Frauen von den Opportunitätskosten betroffen (vgl. Burkart 1994: 250; Borchardt & Stöbel-Richter 2004: 50-51) - und zum anderen ist die Umsetzung einer ersten Elternschaft zeitlich im Alter begrenzt. Des Weiteren ist anzunehmen, das der Stellenwert einer Familiengründung in der Lebensplanung je nach Alter einer Person variiert. So sind gerade jüngere Personen zunächst mit ihrer Ausbildung und später dann mit dem Einstieg ins Berufsleben beschäftigt. Beides dürfte für sie dabei zunächst einen höheren Stellenwert einnehmen (vgl. Huinink 2001: 157).

Auch soll der Einfluss in Ost- bzw. Westdeutschland zu leben, in den Analysen kontrolliert werden. Denn aufgrund der unterschiedlichen historischen Entwicklungen in den Gebiete, gibt es bis heute noch Unterschiede im Fertilitätsverhalten zwischen Ost- und Westdeutschland: in Ostdeutschland werden weiterhin erste Elternschaften generell früher umgesetzt bzw. bleiben ostdeutsche Frauen seltener kinderlos (vgl. Kreyenfeld & Konietzka 2008: 135-136).

3.4 Hypothesenbildung

Zur Untersuchung der Fragestellung der Forschungsarbeit werden drei Hypothesen und ihre Erweiterungen (mehrheitlich) im Rahmen des Untersuchungsmodells überprüft. Zur Analyse der ersten zwei Hypothesen werden dabei die Daten des Familiensurvey 2000 und für die Analyse der letzte Hypothese die Daten der Zusatzuntersuchung verwendet.

Die Hintergründe der Hypothesen eins und zwei wurden bereits im theoretischen Hintergrund der Arbeit und in der Darstellung des Untersuchungsmodells erläutert. Es wird davon ausgegangen, dass bei langwierigen Entscheidungen wie die der Elternschaft Ressourcen zur Absicherung gegenüber Gefahren der Falschentscheidung, aber auch für die Versorgung zukünftiger Kinder benötigt werden. Da die vorhandenen finanziellen Ressourcen von Menschen unterschiedlich bewertet werden können, bzw. um die unterschiedlichen Teilaspekte des Effektes von Ressourcen (Sicherheit & Teilhabe an der

Gesellschaft) zu berücksichtigen, wird auch die Bewertung der vorhandenen finanziellen Ressourcen in die Analysen mit einbezogen.

Da Kinderwunsch und Timingintention der ersten Elternschaft zwei unterschiedliche Ebenen des Fertilitätsverhaltens betreffen, wird in einem ersten Schritt zunächst nur der Einfluss von finanziellen Ressourcen und ihrer Bewertung auf den Kinderwunsch betrachtet. Dabei wird angenommen, dass eine schlechte Bewertung der finanziellen Ressourcen den Kinderwunsch betrifft (vgl. 3.2). So lautet die erste Hypothese in diesem Zusammenhang:

H1: Der Kinderwunsch ist abhängig von den vorhandenen finanziellen Ressourcen und ihrer Bewertung. Je schlechter dabei die vorhandenen finanziellen Ressourcen bewertet werden, umso geringer ist der Kinderwunsch.

Wie bereits dargestellt wurde, gibt es verschiedene Forschungsergebnisse, die auf einen Zusammenhang von finanziellen Ressourcen und Kinderwunsch verweisen (vgl. Onnen-Isemann 2008; Eckhard & Klein 2006), die jedoch teils von unterschiedlichen Effekten für Männer und Frauen ausgehen (vgl. Eckhard & Klein 2006). Eckhard und Klein finden beispielsweise in ihren Betrachtungen der Daten des Familiensurveys 2000 einen scheinbarer positiven Zusammenhang des Einkommens von Männern und ihrem Kinderwunsch (Eckhard & Klein 2006: 58-60), was mit den bisherigen theoretischen Überlegungen im Abschnitt 2.2.4 und 2.3 erklären ließe. Einen gegenteiligen Effekt stellen sie dabei allerdings für die Frauen fest, bei denen mit der Höhe des Einkommen der Anteil an Frauen, die nicht wissen ob sie Kinder haben wollen, bzw. die keine Kinder haben möchten, steigt (Eckhard & Klein 2006: 58/59). Dahinter könnte die Problematik der Vereinbarkeit der Lebensbereiche Beruf und Familie stehen, wobei angenommen wird, dass mit dem Einkommen der Frau ihre Integration in den Lebensbereich Beruf zunimmt (Eckhard & Klein 2006: 54). Ob sich das Einkommen nun in seinem Einfluss unterschiedlich auswirkt, soll eine erneute Überprüfung der ersten Hypothese zeigen, die wie folgt erweitert wird:

H1a: Der Effekt des Einkommens auf den Kinderwunsch unterscheidet sich zwischen den Geschlechtern.

Wie einleitend angemerkt soll aber nicht nur der reine Kinderwunsch, sondern auch das Timing der Elternschaft in Abhängigkeit der vorhandenen finanziellen Ressourcen und ihrer Bewertung betrachtet werden. Die zweite Hypothese lautet:

H2: Das intendierte Timing der ersten Elternschaft ist abhängig von den finanziellen Ressourcen und ihrer Bewertung. Je schlechter dabei die vorhandenen finanziellen Ressourcen bewertet werden, umso später wird eine Elternschaft angestrebt.

Wie bereits festgestellt wurde, sind Frauen stärker von dem Risiko einer Falschentscheidung betroffen, da sie im Falle einer Schwangerschaft höhere Opportunitätskosten eingehen (vgl. Borchardt & Stöbel-Richter 2004: 50-51). Sie müssen sich folglich stärker gegen das Risiko einer Falschentscheidung absichern. Dies kann z.B. über die Ressourcen und die Versorgung durch den Partner erfolgen (vgl. Brose 2008). Auf entsprechende Zusammenhänge verweisen Eckhard und Klein (2006). Sie stellen fest, dass das Einkommen des Partners den Kinderwunsch von Frauen beeinflusst (Eckhard & Klein 2006: 59). Gemäß der bisherigen theoretischen Annahmen wird dabei vermutet, dass sich bei Frauen eine schlechte Bewertung der eigenen finanziellen Lage, stärker auf ihre Elternschaftsentscheidung auswirkt, als bei Männern:

H2a: Der Einfluss der Bewertung der finanziellen Lage auf das intendierte Timing der ersten Elternschaft unterscheidet sich zwischen den Geschlechtern. Bei Frauen bewirkt eine schlechte finanzielle Bewertung eher den Aufschub der Elternschaft auf später, als bei Männern.

Im Rahmen der letzten Hypothese soll die Bedeutung des Zeitbewusstseins für die Lebensplanung betrachtet werden. Der theoretische Hintergrund dieser Hypothese wurde bereits im Abschnitt 3.2.2 der Arbeit dargestellt und soll nun mittels der Daten der Zusatzbefragung überprüft werden. Die dritte Hypothese lautet:

H3: Das intendierte Alter der ersten Elternschaft ist abhängig vom Zeitbewusstsein einer Person.

4. Univariate Analyse

Insgesamt wurden im Rahmen der Erhebung des Familiensurvey 2000 10318 Personen befragt. Viele dieser Fälle erfüllen jedoch nicht die aufgestellten Auswahlkriterien (vgl. 3.2). Der Datensatz muss daher zunächst um diese Fälle bereinigt werden. Es sollen nur Fälle miteinbezogen werden, die keine Kinder haben, in einer Partnerschaft leben und weniger als 42 Jahre alt sind.

Haben oder hatten Sie Kinder?

		Häufigkeit	Prozent	Gültige Prozente	Kumulierte Prozente
Gültig	Ja	6541	63,4	65,1	65,1
	Nein	3505	34,0	34,9	100,0
	Gesamt	10046	97,4	100,0	
Fehlend	KA	47	,5		
	System	225	2,2		
	Gesamt	272	2,6		
Gesamt		10318	100,0		

Tabelle 1: Befragte Personen mit & ohne Kinder nach Häufigkeiten und Prozent

Bei der Datenbereinigung hilft die Variable f220 des Familiensurvey 2000 weiter. Sie gibt an, ob eine befragte Person bereits Kinder hat oder schon einmal welche hatte. Von den ursprünglich 10318 befragten Personen der Stichprobe haben 3505 Personen noch keine Elternschaft bisher verwirklicht (vgl. Tabelle 1). Eine Zahl die sich jedoch noch weiter reduziert, wenn zudem nur noch die Fälle betrachtet werden, die sich auch in einer festen Partnerschaft befinden. Um die gemäß der festgelegten Auswahlgesamtheit ungültigen Fälle auszusortieren, wird das Item f220 unter Berücksichtigung der Variable f40, welche die aktuelle Lebensform der befragten Personen erfasst, zur neuen Variable Lebensform ***(Lebfor)*** zusammengefasst. Dabei werden alle Personen die keinen Partner und diejenigen die Kinder haben aus der Untersuchung genommen (vgl. Syn.01 Anhang II). Mittels eines Select-Befehls werden die Fälle aus dem Datensatz ausgewählt, die auch die Altersbeschränkung von höchstens 42 Jahren erfüllen (vgl. Syn.02 Anhang II). Nach der Datenbereinigung verbleiben noch 1331 gültige Fälle in der Auswahlgesamtheit. Davon stammen 84,5% aus den alten und 15,5% aus den neuen Bundesländern. Damit ist der Anteil der ostdeutschen Bevölkerung in der

Auswahlgesamtheit etwas unter repräsentiert (Bevölkerungsverteilung BRD im Jahr 2000: Ost: 18,38%, West: 81,62%[49]).

Für das Geschlecht der gültig befragten Personen ergibt sich mit 49,9% Personen männlichen und 50,1% Personen weiblichen Geschlechts eine recht ausgeglichene Verteilung (vgl. Tabelle 2)[50].

Geschlecht

		Häufigkeit	Prozent	Gültige Prozente	Kumulierte Prozente
Gültig	männlich	664	49,9	49,9	49,9
	weiblich	667	50,1	50,1	100,0
	Gesamt	1331	100,0	100,0	

Tabelle 2: Geschlecht nach Häufigkeiten & Prozent der befragten Personen

Im Falle des Alters sieht es anders aus. Hier ist festzustellen, dass vor allem jüngere Personen in der Auswahlgesamtheit stärker vertreten sind (vgl. Abb.5). Dies ist jedoch, da gerade Personen die noch keine Kinder haben betrachtet werden und gerade jüngere Altersgruppen davon betroffen sind (vgl. Huinink & Konietzka 2007: 83), nicht verwunderlich.

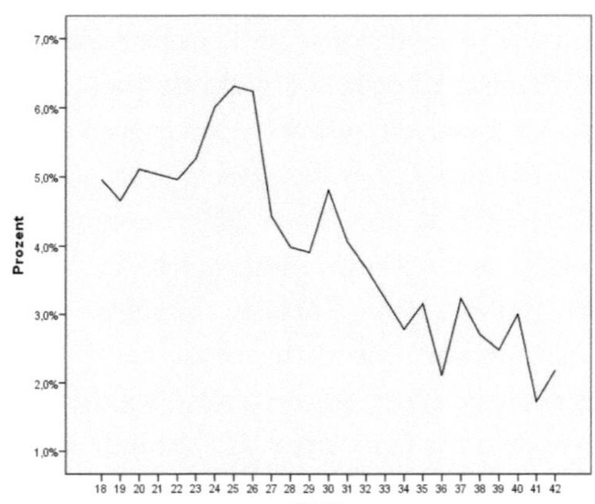

Abb.5: Liniendiagramm des Alters der befragten Personen in Prozent

[49] vgl. statistischen Bundesamt unter: http://www.destatis.de/jetspeed/portal/cms/Sites/destatis/Internet/DE/Content/Statistiken/Zeitreihen/LangeReihen/Bevoelkerung/Content75/lrbev03a,templateId=renderPrint.psml (23.03.2011)

[50] Das Item f51 wurde zur besseren Interpretation binär kodiert (vgl. Syn.13 Anhang II).

Da die Timingentscheidungen zur Familiengründung im Lebensverlauf in der Zeit geschehen, ist es wichtig den Einfluss des Alters in den kommenden Analysen genau zu kontrollieren. Dies soll über den Vergleich von Altersgruppen geschehen, da anzunehmen ist, dass das Alter als Einflussvariable unterschiedlich über bestimmte Altersphasen wirken kann. Das Item f60 wird daher in fünf Gruppen zur neuen Variable ***Alter*** zusammengefasst (vgl. Syn.03 Anhang II):

Alter in 5 Gruppen

		Häufigkeit	Prozent	Gültige Prozente	Kumulierte Prozente
Gültig	18-22	329	24,7	24,7	24,7
	23-27	376	28,2	28,2	53,0
	28-32	272	20,4	20,4	73,4
	33-37	193	14,5	14,5	87,9
	38-42	161	12,1	12,1	100,0
	Gesamt	1331	100,0	100,0	

Tabelle 3: Alter (gruppiert) nach Häufigkeiten & Prozent der befragten Personen

Auch das Zusammengefasste Item zeigt, dass die jüngeren Altersgruppen besonders stark vertreten sind. Der Modus beispielsweise liegt bei 23-27 Jahren bzw. sind etwas mehr als 50% der befragten Personen jünger als 28 Jahre alt.

Lebensform

		Häufigkeit	Prozent	Gültige Prozente	Kumulierte Prozente
Gültig	LAT	478	35,9	35,9	35,9
	NEL	458	34,4	34,4	70,3
	EHE	395	29,7	29,7	100,0
	Gesamt	1331	100,0	100,0	

Tabelle 4: Lebensform nach Häufigkeiten & Prozent der befragten Personen

Schließlich soll noch die Lebensform der befragten Personen betrachtet werden. Die in der Datenbereinigung erstellte neue Variable ***Lebfor*** ist trichotom und unterscheidet die Lebensformen LAT, NEL und EHE. In der Auswahlgesamtheit sind kommen die Lebensformen LAT und NEL etwas häufiger vor, als die Ehe (vgl. Tabelle 4). Auch diese Verteilung ist angesichts der Betrachtung vor allem jüngere Personen, die öfter in den Lebensformen LAT und NEL leben - neben der Lebensform ‚Single'[51] – nicht überraschend.

[51] Hier findet z.B. Brüderl (2004) in seinen Untersuchungen heraus, dass der Familienstand „ledig" bei jüngeren Menschen immer dominanter wird (vgl. Brüderl 2004: 7). Immer mehr

4.1 Der Kinderwunsch und die intendierte Elternschaft

Der Kinderwunsch und die intendierte Elternschaft sind in der Untersuchung die abhängigen Variablen (vgl. 3.4). Im Familiensurvey 2000 wurde der generelle Kinderwunsch durch das Item f258b und das intendierte Timing der Elternschaft durch das Item f259d erhoben. Knapp 64% der befragten Personen wünschen sich dabei ein Kind. 17,7% antworten auf die Frage, ob sie zukünftig Kinder möchten mit „nein" und 17,7% der befragten Personen wissen die Antwort noch nicht (vgl. Tabelle 5).

[258] Und wie ist es zukünftig? Möchten Sie Kinder?

		Häufigkeit	Prozent	Gültige Prozente	Kumulierte Prozente
Gültig	Ja	853	64,1	64,5	64,5
	Nein	235	17,7	17,8	82,2
	Weiß nicht	235	17,7	17,8	100,0
	Gesamt	1323	99,4	100,0	
Fehlend	KA	8	,6		
Gesamt		1331	100,0		

Tabelle 5: Kinderwunsch nach Häufigkeiten & Prozent der befragten Personen

Wie im Rahmen der Darstellung des Untersuchungsmodells dargelegt wurde, bestehen bis heute Unterschiede im Fertilitätsverhalten zwischen Ost- und Westdeutschland. Betrachtet man an dieser Stelle nun den Kinderwunsch getrennt nach dem Befragungsgebiet (Ost- bzw. Westdeutschland), ist festzustellen, dass in Ostdeutschland signifikant häufiger der Kinderwunsch bejaht wird (vgl. Tabelle 6 & 7 Anhang). So stimmen in den neuen Bundesländern 74,6% der befragten zu, sich zukünftig Kinder zu wünschen. Im Westen sind es nur 62,6% (vgl. Tabelle 6 Anhang).

Doch nicht nur m Falle von Ost- bzw. Westdeutschland werden Unterschiede im Fertilitätsverhalten vermutet, sondern auch im Alter (vgl. 3.3). Wie die Abb.3

junge Menschen leben dann im Falle einer Partnerschaft in einer LAT- Beziehung oder (z.T. im Anschluss daran) in einer nicht eheliche Lebensgemeinschaft (NEL), bevor (wenn überhaupt) eine Familiengründung vorgenommen wird (vgl. Peuckert 2005: 37). Gerade die LATs oder NELs werden gerne über längere Zeit einer möglichen Ehe als vorfamiliäre Lebensform vorgeschoben (vgl. Vaskovics & Rupp 1995: 14-16; Brüderl 2004: 5,7). So wird teilweise bei den nichtehelichen Lebensgemeinschaften (NELs) schon von einer Art Ehe auf Probe gesprochen (vgl. Vaskovics & Rupp 1995: 14-15).

stimmen vor allen jüngere Befragter der Frage, ob sie später Kinder haben wollen zu, während ältere Befragte dies eher verneinen (vgl. Abb.6).

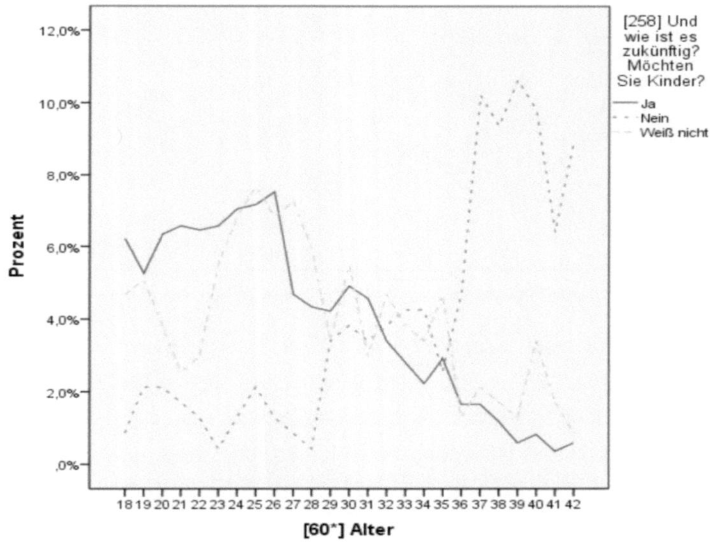

Abb.6: Liniendiagramm der Kinderwunsch nach Alter der Befragten in Prozent

Bei der Überprüfung der Annahme eines Einfluss der Zugehörigkeit zu den einzelnen Altersgruppen auf den Kinderwunsch (Ja vs. Nein[52]) durch Betrachtung der Variablen ***Alter*** und **f258b** in einer Kreuztabelle, ergeben sich tatsächlich signifikante Unterschiede zwischen den Altersgruppen (vgl. Tabelle 8 Anhang). Während jüngere Befragte den Kinderwunsch deutlich bejahen, kehrt sich der Kinderwunsch in den beiden höheren Altersgruppen langsam um und wird in der letzten Altersgruppe mehrheitlich (mit ca. 78%) verneint (vgl. Tabelle 9 Anhang).

Bei der Frage, wann die befragten Personen das erste Kind möchten, zeigt sich, dass eine Mehrheit der Befragten (ca. 65,9%) bereits eine ungefähre Zeitvorstellung über eine Familiengründung hat und sich ein Kind innerhalb der nächsten 2 bis 4 Jahre wünschen. 34,1% der befragten Personen schieben die geplante Elternschaft ungewiss auf 'später' auf (vgl. Tabelle 10).

---

[52] Die Antwortkategorie 'weiß nicht' wird in den folgenden Analysen als fehlender Wert betrachtet.

[259] Wann moechten Sie das e r s t e Kind?

		Häufigkeit	Prozent	Gültige Prozente	Kumulierte Prozente
Gültig	innerhalb der naechsten 2 Jahre	244	18,3	33,5	33,5
	innerhalb der naechsten 4 Jahre	236	17,7	32,4	65,9
	spaeter	248	18,6	34,1	100,0
	Gesamt	728	54,7	100,0	
Fehlend	weiss nicht	118	8,9		
	KA	6	,5		
	System	479	36,0		
	Gesamt	603	45,3		
Gesamt		1331	100,0		

Tabelle 10: intendierte Elternschaft nach Häufigkeiten & Prozent der befragten Personen

Anders als die bisherigen Ergebnisse zum Kinderwunsch vermuten lassen, gibt es was die Timingvorstellung einer ersten Elternschaft angeht, bei den hier betrachteten Befragten zwischen Ost- und Westdeutschland keinen unterschied (vgl. Tabelle 11 & 12 Anhang). Dabei ist jedoch zu beachten, dass hier lediglich die Timingintention und nicht die bereits umgesetzten Elternschaften betrachtet werden. Diesbezüglich mag es sein, dass in Ostdeutschland auch weiterhin Elternschaften früher umgesetzt werden. Helfen, diese Vermutung erneut zu untermauern, kann an dieser Stelle eine Betrachtung des mittleren Alters der Personen in der Auswahlgesamtheit. Diese zeigt, dass mit einem Durchschnittsalter der befragten Personen von ca. 28 Jahren in Westdeutschland und ca. 26 Jahren in Ostdeutschland, es wahrscheinlich ist, dass tatsächlich in Ostdeutschland eine Elternschaft tendenziell früher umgesetzt wurde und so in der Folge im Schnitt nur recht junge Personen in der Auswahlgesamtheit verblieben sind. Demgegenüber könnte eine relative späte Elternschaft im Westen, das höhere Durchschnittsalter dadurch erklären, dass durch eine spätere Elternschaft mehr ältere kinderlose Personen im Datensatz verblieben sind und so den Durchschnitt noch oben ziehen.

Auch hier wird erneut angenommen, dass die Timingintention eine Elternschaft in den kommenden zwei oder vier Jahren umsetzen zu wollen (bzw. später) unterschiedlich stark in den Altersgruppen ausgeprägt ist (vgl. 3.3) gerade bei den Älteren Befragten, bei denen die Menopause in nächster Zeit zu erwarten ist, könnte eine frühere Timingintention angestrebt werden, als bei jungen Erwachsenen die zunächst noch ihre berufliche Perspektive sichern müssen. Diese Annahmen lassen sich anhand der Abb.7 durchaus zunächst bestätigen. So stimmen gerade jüngere Befragte zu eine erste Elternschaft „später" umsetzen zu wollen, während die Zustimmung 'in den nächsten zwei Jahren' vor allen in mittleren Altersgruppen ausgeprägt ist (vgl. Abb.7). Ob sich diese Unterschiede auch statistisch gegen den Zufall absichern lassen, müsste jedoch noch empirisch gezeigt werden.

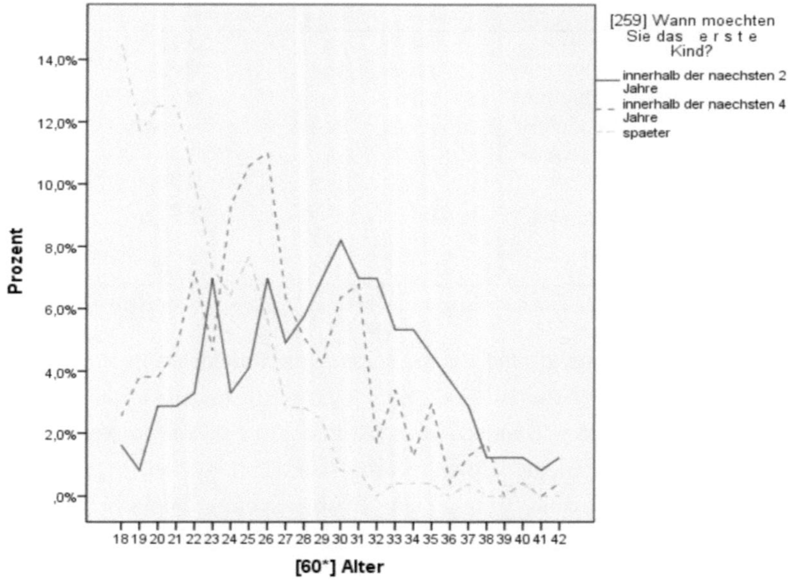

Abb.7: Liniendiagramm der Timingintention Elternschaft nach Alter der Befragten in Prozent

4.2 Die vorhandenen finanziellen Ressourcen und ihre Bewertung

In der *Theorie geplanten Verhaltens* wurde bereits die Bedeutung der *wahrgenommenen Verhaltenskontrolle* und deren Unterscheidung in *subjektiver* und *tatsächlicher Verhaltenskontrolle* dargestellt (vgl. 2.4 S.20). Einen wichtigen Indikator der tatsächlichen Verhaltenskontrolle stellen in der Untersuchung die vorhandenen finanziellen Ressourcen einer Person und deren Bewertung dar (vgl. 3.4 & 2.6). Die vorhandenen finanziellen Ressourcen wurden im Familiensurvey 2000 durch das Item f2740000 (***Eink***), in dem das Pro-Kopf-Einkommen der befragten Personen in DM erfasst wurde, erhoben. Zur besseren Darstellung wird an dieser Stelle jedoch das gruppierte Einkommen, wie es im Item f2740001 (***Einkgr***) dargestellt wird, betrachtet. Da die Gruppe mit einem Einkommen von „1251 bis 1500 DM“ nur gering besetzt ist, wird diese mit der Gruppe „1001 bis 1250 DM“ zusammengefasst (vgl. Syn.04 Anhang II).

Pro-Kopf-Einkommen gruppiert

		Häufigkeit	Prozent	Gültige Prozente	Kumulierte Prozente
Gültig	bis 1000 DM	161	12,1	14,6	14,6
	1001 bis 1500 DM	223	16,8	20,2	34,8
	1501 bis 2000 DM	307	23,1	27,9	62,7
	2001 bis 2500 DM	264	19,8	24,0	86,7
	2501 bis 3000 DM	82	6,2	7,4	94,1
	über 3000 DM	65	4,9	5,9	100,0
	Gesamt	1102	82,8	100,0	
Fehlend	System	229	17,2		
Gesamt		1331	100,0		

Tabelle 13: Pro-Kopf-Einkommen (gruppiert) nach Häufigkeiten & Prozent der befragten Personen

Wie die Tabelle 13 ausgibt, sind die mittleren Einkommensgruppen am häufigsten vertreten. Die beiden höheren Einkommensgruppen hingegen sind in unserer Stichprobe etwas unterrepräsentiert. Dies ist jedoch nicht überraschend, da gerade jüngere Altersgruppen in der Untersuchung betrachtet werden (vgl. Tabelle 3). Jüngere Altersgruppen sind weniger im Erwerbssystem integriert, da sie sich häufiger in einer Ausbildung befinden und verdienen daher zumeist weniger. Dies zeigt auch die Überprüfung beider Variablen in einer Korrelationsanalyse[53]. Hier ergibt sich zwischen beiden Variablen ein starker signifikanter Zusammenhang, indem das Pro-Kopf-Einkommen mit dem Alter ansteigt (vgl. Tabelle 14 Anhang).

Die Bewertung der vorhandenen Ressourcen wurde im Familiensurvey schließlich durch das Items f1050 ‚*Bewertung der eigenen finanziellen Lage*‘ (***Finbew***) erfasst. Es handelt sich dabei um eine Fünfer-Skala, bei der eine 1 einer sehr positiven und eine 5 einer sehr negative Bewertung der eigenen finanziellen Lage entspricht. Wie in Tabelle 15 zu erkennen ist, hat dabei die große Mehrheit an Personen ihre finanzielle Lage als ‚zufriedenstellend‘ eingeschätzt – trotz des zumeist eher

[53] Dabei wird der Korrelationskoeffizient Spearman angewandt, da die betrachteten Variable ***Einkgr*** und ***Alter(gruppiert)*** ordinales Messniveau aufweisen.

niedrigen Einkommens. Nur ein geringer Anteil an Personen (5,7%) bezeichnete seine finanzielle Lage als schlecht oder völlig unzureichend.

[1050] Insgesamt gesehen - wie würden Sie Ihre finanzielle Lage bezeichnen?

		Häufigkeit	Prozent	Gültige Prozente	Kumulierte Prozente
Gültig	A - ausgezeichnet	78	5,9	5,9	5,9
	B - zufriedenstellen	900	67,6	68,4	74,4
	C - bescheiden	262	19,7	19,9	94,3
	D - schlecht	55	4,1	4,2	98,5
	E - völlig unzureichend	20	1,5	1,5	100,0
	Gesamt	1315	98,8	100,0	
Fehlend	System	16	1,2		
Gesamt		1331	100,0		

Tabelle 15: Bewertung der finanz. Lage nach Häufigkeiten & Prozent der befragten Personen

Da die Kategorie „völlig unzureichend" mit 20 Fällen sehr gering besetzt ist, werden die beiden letzten Antwortkategorien der Frage zusammengefasst (vgl. Syn.05 Anhang II). Auch für die neuen Variable ***Finbew*** ergibt sich keine Normalverteilung (vgl. Abb.8). Sie wird als ordinalskaliert angenommen.

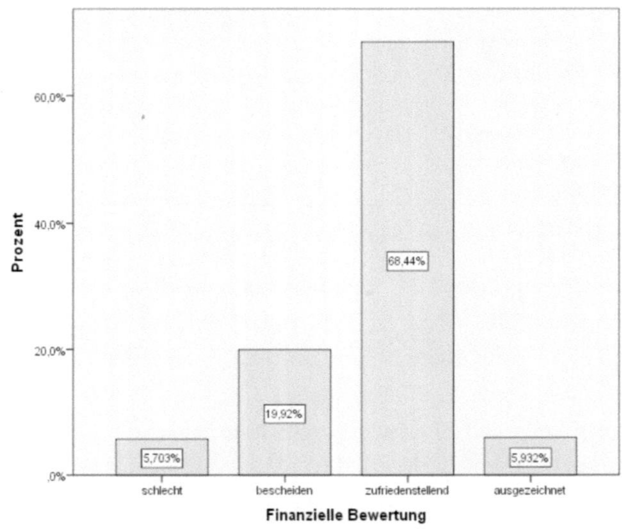

Abb.8: Balkendiagramm der Variable *Finbew* in Prozent der befragten Personen

4.3 Bildung - eine wichtige Ressource

Neben den finanziellen Ressourcen stellen auch das Wissen und die erlernten Fertigkeiten einer Person wichtige Ressource dar (vgl. Borchardt & Stöbel-Richter 2004: 31; Ajzen 1991: 181-182). Im Familiensurvey 2000 wurde der erste allgemein bildende Schulabschluss durch das Item f555 erhoben. Dabei ist jedoch zu beachten, dass diese Variable nur begrenzt Informationen über den abschließenden Bildungsgrad und auch kaum Informationen über die Fertigkeiten einer befragten Person liefert. Zudem werden Weiterbildungsmaßnahmen darin nicht erfasst. Da jedoch keine anderen Informationen zur Abbildung des Bildungsstands einer Person vorliegen, wird die vorliegende Variable als Indikator für die Bildung einer Person verwendet. Um in etwa mögliche unterschiedliche Einflüsse der Bildungsabschlüsse kontrollieren zu können, wird das Item f555 zudem trichotom in die Kategorien 'niedrige', 'mittlere' und 'höhere' Bildung zusammengefasst (vgl. Syn.06 Anhang II). Die dabei neu gebildete Variable ***Bild*** wird als ordinalskaliert angenommen.

Bildung trichotom

		Häufigkeit	Prozent	Gültige Prozente	Kumulierte Prozente
Gültig	niedrig	284	21,3	21,7	21,7
	mittel	578	43,4	44,1	65,8
	hoch	449	33,7	34,2	100,0
	Gesamt	1311	98,5	100,0	
Fehlend	System	20	1,5		
Gesamt		1331	100,0		

Tabelle 16: Variable *Bild* nach Häufigkeiten und Prozent der befragten Personen

Wie Tabelle 16 ausgibt, besitzt die Mehrheit der befragten Personen (44,1%) einen mittleren Bildungsabschluss. Mit ca. 34% 'hoher' Bildung, erscheint diese Gruppe auf den ersten Blick etwas überrepräsentiert. Dies mag jedoch am Untersuchungsaufbau liegen, indem kinderlose Personen im Alter von 18 bis 42 Jahre betrachtet werden. Da Ausbildung und Elternschaft schwer miteinander vereinbar sind – so ist beides kosten- und zeitintensiv (Maul 2007: 6) -, könnte die vorliegende Verteilung durch eine nach Bildungsgruppen vorhandene differentielle Fertilität beeinflusst worden sein. So könnten Personen mit niedriger Bildung früher in ihrem Lebenslauf eine erste Elternschaft umgesetzt haben und in der Folge aus der Stichprobe gefallen sein.

4.4 Die Kontrollwahrnehmung

Ajzen (1991) stellte fest: „peoples behavior is strongly influenced by their confidence in their ability to perform it“ (Ajzen 1991: 184). In der TOPB stellt dies die *subjektive Verhaltenskontrolle* eines Akteurs dar. Im Familiensurvey 2000 wurde sie allgemein, und nicht - wie in der TOPB gefordert - auf ein bestimmtes Verhalten bezogen, durch die Items f1156b bis f1156f erhoben. Diese Items beziehen sich dabei indirekt die Wahrnehmung der Akteure selbst die Gestalter ihres Lebens zu sein. So erhebt z.B. das Item f1156b die Zustimmung der Befragten zu der Aussage: „Ich habe häufig das Gefühl, das ich wenig Einfluß darauf habe, was mit mir geschieht.“[54].

Bei näherer Betrachtung der Items fällt auf, dass bis auf das Item f1156d alle Items in den oberen Bereich der Skala verschoben sind. Nur die Items f1156d und f1156c weisen annähernd eine Normalverteilung auf (vgl. Abb.9-13 Anhang). Allgemein wird damit allen Items eher zugestimmt, was entweder eine hohe Kontrollwahrnehmung der befragten Personen, aber wahrscheinlicher eine niedrige Itemschwierigkeit bedeutet. Die fünf Items der Skala f1156 werden in ihrer Fragerichtung angepasst und im Anschluss zur neuen Variable ***Kontr*** zusammengefasst (vgl. Syn.07-9 Anhang II). Mit einem Cronbachs-Alpha von 0,665 ergibt sich für nur fünf zusammengefasste Items ein noch akzeptablen Wert für die Verlässlichkeit der neuen Variable Kontrollwahrnehmung (***Kontr***).

Betrachtet man die neue Variable in einem Histogramm zeigt sich, dass diese annähernd normalverteilt ist. Wie auch der Mittelwert ausgibt, ist die Variable dabei in den oberen Bereich der Skala verschoben (vgl. Abb.14).

[54] Vgl. Fragebogen: http://db.dji.de/surveys/docs/2/5/befragung_capi2000.pdf (20.03.2008).

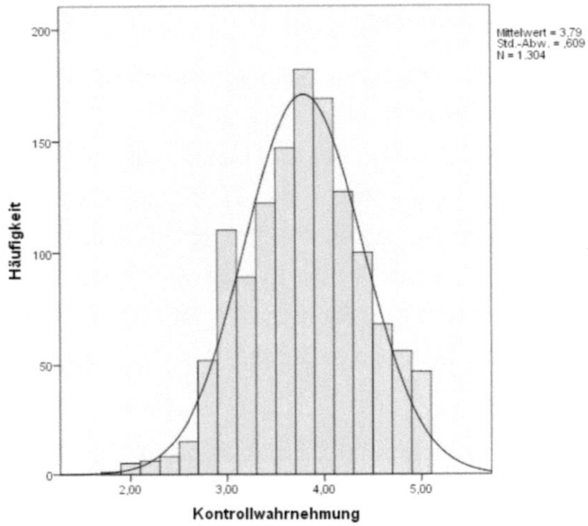

Abb.14: Histogramm mit Normalverteilungskurve der Variable *Kontr*

4.5 Kinder - Nutzen oder Kostenfaktor?

Wie bereits in den Abschnitten 2.3 und 2.4 aufgezeigt wurde, kann der Kinderwunsch nicht alleine durch die vorhandenen Ressourcen einer Person erklärt werden. Es gilt in besonderer Weise auch die Einstellung der Personen bezüglich des Nutzens und der Kosten von Kindern zu beachten. Im Familiensurvey 2000 wurden diese *Einstellungen* vor allem mittels der Items f910b & f910c erhoben. Das Item f910b erfasst dabei die Kosten- bzw. das Item f910c die Nutzeneinstellung zu Kindern.

Während das Item f910b annähernd eine Normalverteilung aufweist, ist das Item f910c stark in den oberen Bereich der Skala verschoben (vgl. Abb.15 & Abb.16). 93% stimmen der Aussage „Kinder im Haushalt zu haben [...] macht Spaß" ‚eher' bis ‚voll und ganz' zu (vgl. Abb.16) und betonen so den Nutzen von Kindern. Interessant ist aber, dass im Vergleich nur 48% der befragten Personen Kindern nicht als finanzielle Belastung empfinden. Die beiden Dimensionen Kinder als Kosten- bzw. als Nutzenfaktor scheinen sich demnach nicht gegenseitig auszuschließen. Betrachtet man allerdings beide Items in einer Korrelation, wobei beide Items als metrisch approximiert angenommen werden und daher der

Korrelationskoeffizienten Pearson r berechnen wird, zeigt sich, dass beide Items nicht vollständig voneinander unabhängig sind. So korrelieren beide Items auf 1%igem Signifikanzniveau leicht negativ miteinander. Je mehr eine befragte Person also Kinder als Nutzen empfindet, umso weniger sieht sie Kinder als Kostenfaktor an (vgl. Tabelle 17 Anhang).

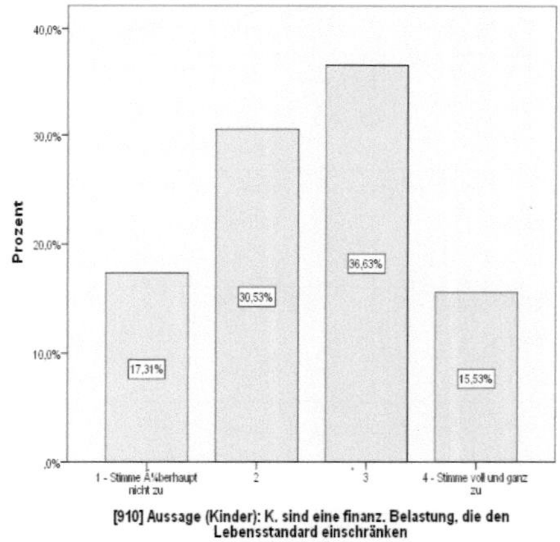

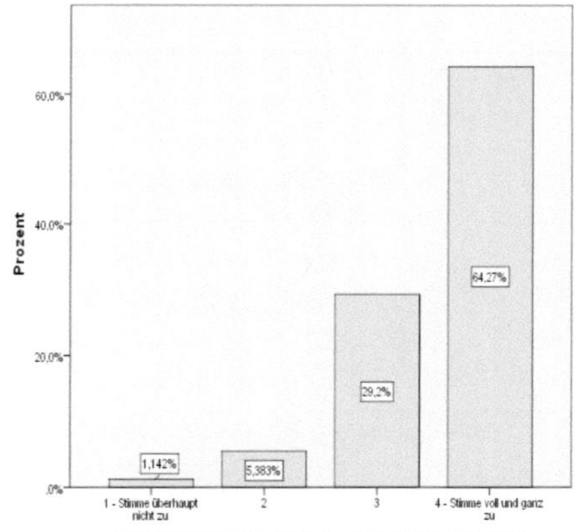

Abb.15 (links) & Abb.16 (rechts): Balkendiagramme der Items f910b (links) & f910c (rechts) in Prozent der befragten Personen

Wie bisher angenommen wurde, soll sich die Einstellung zu Kindern aus der sozio-ökonomischen Lage einer Person ergeben (vgl. 3.3). An dieser Stelle wird daher beispielhaft die Korrelation der Nutzen- und Kosteneinstellung zu Kindern und der Bildung bzw. dem Einkommen einer Person betrachtet. Dazu wird an dieser Stelle der Rangkorrelationskoeffizient Spearman-Rho verwendet, da die Bildung ordinales Messniveau aufweist.

Wie die Tabelle 18 zeigt, bestehen tatsächlich schwache, aber deutlich signifikante Einflüsse des Einkommens und seiner Bewertung auf die Einstellungen zu Kindern. Dabei nimmt mit dem Einkommen bzw. mit einer verschlechterten Bewertung der eigenen finanziellen Lage die Zustimmung zum Item f910c, welches Kinder als Kostenfaktor thematisiert, zu. Die Zustimmung zur Aussage 'Kinder im Haushalt zu haben und aufwachsen zu sehen macht Spaß' (910b) wird zudem vom wachsenden Einkommen negativ beeinflusst (vgl. Tabelle 18). Zusammengefasst bedeutet dies, dass sich mit einer Verbesserung der Einkommenssituation eine eher negative Bewertung von Kindern ergibt.

Korrelationen

			[910c] K. im HH zu haben und aufwachsen zu sehen macht Spaß	[910] Aussage (Kinder): K. sind eine finanz. Belastung
Spearman-Rho	Bildung trichotom	Korrelationskoeffizient	-,034	,044
		Sig. (2-seitig)	,221	,101
		N	1326	1396
	Pro-Kopf-Einkommen gruppiert	Korrelationskoeffizient	-,124**	,076**
		Sig. (2-seitig)	,000	,009
		N	1114	1174
	Finanzielle Bewertung	Korrelationskoeffizient	,054	-,083**
		Sig. (2-seitig)	,051	,002
		N	1330	1403

**. Die Korrelation ist auf dem 0,01 Niveau signifikant (zweiseitig).

Tabelle 18: Korrelation nach Spearman der Einstellung zu Kindern und der Variablen *Einkgr* und & *Bild*

4.6 Die Häufigkeit des Kirchenbesuchs

Ein Einflussfaktor auf Verhalten, der ebenfalls in der *Theorie geplanten Verhaltens* dargestellt wurde, ist die *subjektive Norm*, d.h. die vom Akteur angenommene Reaktion seines sozialen Umfeldes auf ein bestimmtes Verhalten. Diese soll in der vorliegenden Untersuchung genutzt werden, um mögliche Netzwerkeffekte, die z.B. über Meschnanismen wie 'social pressure' wirken (vgl. 2.5), zu berücksichtigen. Im Familiensurvey 2000 wurde für die Entscheidungen zur Elternschaft leider keine subjektive Norm oder Variablen zum Netzwerkeinfluss erhoben. Um solche Einflüsse jedoch in irgendeiner Form zu berücksichtigen, wird an dieser Stelle die *Häufigkeit des Kirchbesuches* betrachtet. Die Grundannahme ist dabei, dass über die Gruppenkohäsion[55] religiöser Gemeinden positive Werte und Einstellungen

---

[55] Als Kohäsion einer Gruppe wird auch der Gruppenzusammenhalt bezeichnet. Mit dem Zusammenhalt ist dabei gemeint, wie stark sich die Mitglieder einer Gruppe den Gruppenwerten und -zielen verpflichtet und somit sich der Gruppe zugehörig fühlen (vgl. Forgas 1999:269-270). Die Bezugsgruppentheorie sagt in diesem Zusammenhang, dass sich Individuen Gruppen gezielt zuordnen und über die Adaption von Werte und

gegenüber der Familie vermittelt werden, und Personen die stärker in solchen Gruppen integriert sind, eher solche Gruppenmeinungen und Ansichten widerspiegeln und sich dementsprechend verhalten. Über diesen Kontext kann über die Berücksichtigung einer solchen Variable im Untersuchungsmodell zumindest teilweise (und nur für eine bestimmte Gruppe) Netzwerkeffekte abgebildet werden.

Die Häufigkeit des Kirchbesuches wurde mittels des Items f917 erfasst. Das Item wird von mir zunächst in seiner Fragerichtung angepasst um die Ergebnisse später besser interpretieren zu können (vgl. Syn.10 Anhang II). Ein hoher Wert entspricht so einem häufigeren Kirchbesuch. Bei der Betrachtung des recodierten Items fällt auf, dass mit 22,5% der befragten Personen die mehrmals im Jahr, und 39,4% der befragten Personen die noch seltener den Gottesdienst besuchen, die Verteilung der Variable stark in den unteren Bereich der Skala verschoben ist (vgl. Tabelle 19 Anhang). Gar 24,1% der befragten Personen geben an nie zum Gottesdienst zu gehen. Dabei wurde jedoch nicht berücksichtigt, dass zum einen die Religionszugehörigkeiten im Zusammenhang mit der Frageformulierung des Items, aber auch die Tatsache, dass hier vor allem jüngere Altersgruppen betrachtet werden, die Verteilung stark beeinflusst haben kann. Nicht desto trotz will ich die Variable weiterhin als Behelfskonstrukt nutzen. Dazu fasse ich, um eine bessere Vergleichbarkeit der Gruppen zu erreichen, die letzten zwei Antwortkategorien des Items aufgrund ihrer eher geringen Fallzahlen zusammen. So erhalte ich die neue Variable ***Kirche*** (vgl. Syn.11 Anhang II; Tabelle 20 Anhang).

4.7 Die Zusatzbefragung der Studierenden - Kinderwunsch & Zeitbewusstsein

Die Zusatzbefragung unter den Studierenden der Universität Bremen diente der Ergänzung der Daten des Familiensurvey 2000 um fehlende Variablen (vgl. 3.2.2). Dazu wurden insgesamt 392 Studierende befragt, von denen 37 Personen aufgrund falscher Studiengangszugehörigkeiten, oder falschem Fachsemester, aus der Untersuchung genommen werden mussten. Nach Abzug dieser Personen beträgt das N der Stichprobe 355 gültige Fälle. Davon sind ca. 58% weiblichen und ca. 41%

Verhaltensweisen ein Zugehörigkeitsgefühl kreieren (vgl. Witte 1987: 211).

männlichen Geschlechts, was einen leichten Frauenüberschuss in der Stichprobe bedeutet (vgl. Tabelle 21 Anhang). Das Ziel eine möglichst homogene Altersgruppe zu erheben wurde annähernd erreicht. Ca. 95% der befragten Personen sind zwischen 19 und 26 Jahren alt (vgl. Tabelle 22 Anhang).

Wie im Abschnitt 4.5 dargestellt wurde, fehlt im Familiensurvey 2000 eine geeignete Variable zur Abbildung der *subjektiven Norm* der befragten Personen bezüglich der Fertilitätsentscheidungen. Daher war es ein wichtiges Anliegen der Zusatzbefragung über den Vergleich des Einflusses der Studiengangszugehörigkeit, solche Effekte über Gruppenzugehörigkeiten und Gruppenkohäsionen abbilden zu können. In diesem Rahmen wurde versucht in jedem Studiengang mindestens hundert Studierende zu befragen. Auch dieses Ziel konnte annähernd erfüllt werden (vgl. Abb. 17).

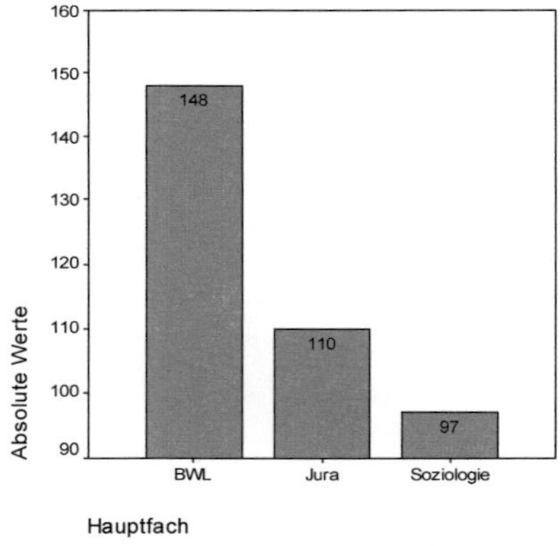

Abb.17: Balkendiagramm Hauptfach der befragten Studierenden in Häufigkeiten

Der Kinderwunsch der Studierenden

Die Variable ***v32a*** der Zusatzbefragung gibt an, dass 76,3% der befragten Studierenden sich Kinder wünschen. Nur 16,3% haben keine Vorstellung bezüglich des Kinderwunsches und gar nur 7,4% antworten auf die Frage, ob sie zukünftig Kinder haben wollen „Nein" (vgl. Tabelle 23). Die geringen Fallzahlen in den Antwortkategorien ‚weiß nicht' und ‚nein' erschweren eine weitere Analyse des Kinderwunsches vor allem im Bezug auf den Studiengang, da die Fälle noch weiter in Gruppe aufgeteilt würden. Auch über die Studiengänge lässt sich also keine subjektive Norm ableiten.

Kinderwunsch

		Häufigkeit	Prozent	Gültige Prozente	Kumulierte Prozente
Gültig	ja	258	72,7	76,3	76,3
	nein	25	7,0	7,4	83,7
	weiß nicht	55	15,5	16,3	100,0
	Gesamt	338	95,2	100,0	
Fehlend	System	17	4,8		
Gesamt		355	100,0		

Tabelle 23: Kinderwunsch nach Häufigkeiten & Prozent der befragten Studierenden

Ähnlich sieht es bezogen auf das intendierte Timing der Elternschaft (***v32b***) aus. Von den 258 Studierenden die einen Kinderwunsch geäußert haben geben 138 Personen Auskunft über das Alter, wann sie sich ein Kind wünschen würden (vgl. Tabelle 24 Anhang). Die deutliche Mehrheit von ca. 68% der befragten Studierenden gibt dabei ein Alter von 28 bis 30 Jahren an (vgl. Tabelle 24 Anhang). Dies entspricht den von Huinink und Konietzka (2007) gefundenen Entwicklungen des Anstiegs des Alters der Mutter bei der ersten Elternschaft auf ca. 29 Jahren in Deutschland (vgl. Huinink & Konietzka 2007: 83). Doch auch diese Fallzahl ist für einen weiteren Gruppenvergleich zwischen den Studiengängen zu gering[56].

Das Zeitempfinden der Studierenden

Die für mich wichtigste neue Variable der Zusatzbefragung, die den Kinderwunsch erklären soll, stellt das Zeitempfindens der Studierenden dar. Dies wurde in der Zusatzbefragung durch das Item **v28** erhoben.

Die Verteilung der Variable ***Zeitempfinden*** ist recht überraschend. So wäre nach den theoretischen Überlegungen anzunehmen gewesen, dass die ‚Linie' und die ‚fragmentierte (gebr.) Linie' als Symbole des modernen Zeitempfindens deutlich

[56] Exemplarisch würden sich, nach Zusammenfassung der Variable der intendierten Elternschaft in Gruppen (vgl. Syn.12 Anhang II), bei einer Betrachtung der Variable Hauptfach und eltstud in einer Kreuztabelle, viele zu gering besetzte Zellen ergeben (vgl. Tabelle 25 Anhang).

öfter als die anderen Sinnbildern gewählt werden würde (vgl. 3.2.2). Dies ist jedoch nicht der Fall. Die ‚Linie' wurde zwar mit 30% der befragten Studierenden am häufigsten gewählt, doch geben 27% der Studierenden an, die Zeit zyklisch zu empfinden (vgl. Abb.19). Weitere 27% der Studierenden ordneten sich dem ‚Kringel', d.h. der Übergangsform zwischen dem zyklischen und dem linearen Zeitempfinden, zu. Nur 16% der befragten Studierenden wählten die gebrochene Linie als Symbol eines sich auflösenden linearen Zeitempfindens (vgl. Abb.19).

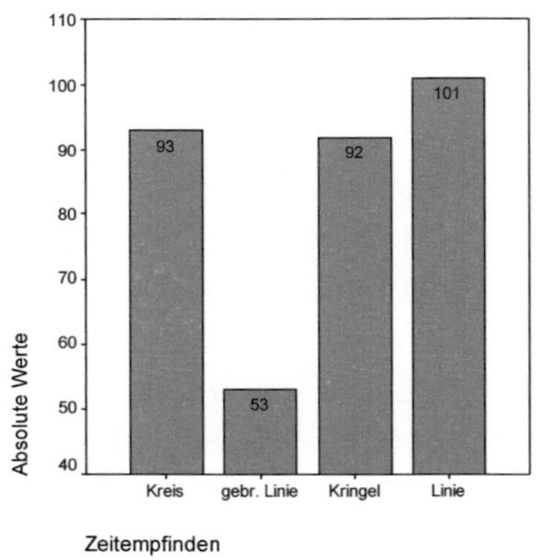

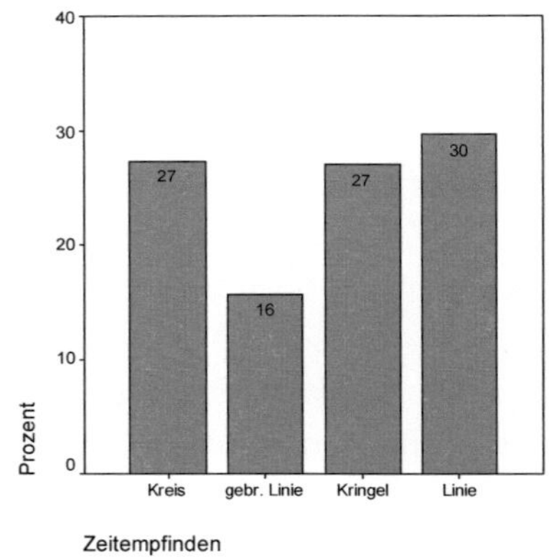

Abb.18 (links) & Abb.19 (rechts): Balkendiagramme des Items v28 in Häufigkeiten (links) & in Prozent der befragten Studierenden (rechts)

Betrachtet man das Zeitempfinden der Studierenden aufgeteilt nach dem Studiengang, erhält man weitere Überraschungen (vgl. Abb.20 Anhang). So sind deutliche Unterschiede sind zwischen den einzelnen Studiengängen festzustellen. Die ‚Linie' wurde am häufigsten von Studierenden des Faches BWL, der ‚Kringel' am häufigsten von Studierenden des Faches Soziologie und der ‚Kreis' vor allem von den Studierenden des Faches Jura gewählt (vgl. Abb.20 Anhang). Überprüft man die beobachteten Unterschiede in einer Kreuztabelle, wird deutlich, dass diese Unterschiede zwischen den Studiengängen scheinbar nicht zufälliger Natur sind (vgl. Tabelle 26 Anhang). Der Chi²-Test gibt einen signifikanten Zusammenhang beider Variablen aus (vgl. Tabelle 27 Anhang). Welche Mechanismen nun jedoch hinter diesen Ergebnissen stecken, kann im Moment nur vermutet werden. Weitere Analysen sind leider aufgrund der geringen Fallzahlen an dieser Stelle nicht möglich und würde auch den Rahmen der vorliegenden Untersuchung sprengen.

5. Hypothesenüberprüfung

Im Folgenden wird zur Beantwortung der Fragestellung der Untersuchung die im Abschnitt 3.4 gebildeten Hypothesen überprüft. Aufgrund von fehlenden Werte bei einzelnen Variablen gehen dabei teils unterschiedliche Fallzahlen in die Analysen mit ein.

5.1 Finanzielle Ressourcen und ihre Bedeutung für den Kinderwunsch

Ressourcen sind ein wichtiger Faktor, der unsere Entscheidungen und Handlungen beeinflussen kann (z.B. als Teil der wahrgenommenen Verhaltenskontrolle vgl. 2.6). Dabei wird davon ausgegangen, dass die finanziellen Ressourcen als Entscheidungskriterium verstärkt an Bedeutung gewinnen, wenn Entscheidungen mit langfristigen Festlegungen, wie der Familiengründung, anstehen (vgl. 2.2.4). Die erste Hypothese lautet in diesem Zusammenhang:

H1: Der Kinderwunsch ist abhängig von den vorhandenen finanziellen Ressourcen und ihrer Bewertung. Je schlechter dabei die vorhandenen finanziellen Ressourcen bewertet werden, umso geringer ist der Kinderwunsch.

Da die abhängige Variable der Kinderwunsch (***f258b***) nur zwei Ausprägungen aufweist und die unabhängigen Variablen ***Finbew*** ordinal und ***Eink*** metrisch skaliert sind, bietet sich zur Zusammenhangsanalyse die binär logistische Regression als geeignetes Verfahren an[57]. Die logistische Regression wird dabei unter Beachtung des TOPB-Modells durchgeführt (vgl. 3.4). Dementsprechend werden die Variablen Alter (***Alter)***, Geschlecht (***sex***) und Ost-West (***f51***) als Kontrollvariablen und Lebensform (***Lebfor)***, Kontrollwahrnehmung (***Kontr)***, Bildung (***Bild),*** Einkommen ***(Einkgr)*** und Bewertung der eigenen finanziellen Lage (***Finbew),*** als Indikatoren der wahrgenommenen Verhaltenskontrolle in die Analyse mit eingebracht. Die Items f910b (Kosten) und f910c (Nutzen) werden zudem als Indikatoren der Einstellung zu Kindern, sowie die Variable ***Kirche*** als Indikator der subjektiven Norm, in die Analyse eingeschlossen.

---

[57] Die Voraussetzungen für eine binär logistische Regression gelten dabei als erfüllt.

Zur Analyse des Einflusses der unabhängigen auf die abhängige Variable wird die Wald-Statistik als Teststatistik angenommen und ein Signifikanzniveau von 5% festgelegt. Für die abhängige Variable wird die erste Antwortkategorie als Referenzkategorie gewählt (vgl. Tabelle 28 Anhang). Ein gegen 1 steigender Wert würde somit eine steigende Chance der Verneinung des Kinderwunsches bedeuten. Die unabhängigen kategorialen Variablen ***Lebfor***, Geschlecht (***sex***), Ost-West (***f51***) und ***Alter***, bzw. die ordinalen Variablen ***Kirche***, ***Bild***, ***Einkgr*** und ***Finbew*** werden im Verfahren dummy-codiert (vgl. Tabelle 29 Anhang). Für die Lebensform ist dabei die 'LAT-Beziehung', für das Geschlecht 'männlich' und für die Variable ***Alter*** die Altersgruppe '18-22' Jahre die Referenzkategorie. Bei der Bildung wird 'niedrig', bei der Variable finanzielle Bewertung (Finbew) 'schlecht' und bei der Häufigkeit des Kirchenbesuchs 'nie' als Referenz gewählt. Gerade im Falle des Alters wurde bewusst von der Standarteinstellung abgewichen, da die älteren Altersgruppen, die eine Elternschaft deutlich über das Durchschnittsalter bei Geburt des ersten Kindes (vgl. Huinink & Konietzka 2007: 83) aufgeschoben haben, von besonderem Interesse sind. In die Analyse werden 609 der 1331 Fälle mit einbezogen (vgl. Tabelle 30 Anhang).

Würden versucht werden die Antworten der befragten Personen im Bezug auf den Kinderwunsch vorherzusagen, ohne Kenntnis der erklärenden Variablen, würde man sich in 119 Fällen irren (vgl. Tabelle 31 Anhang). Die Vorhersagegenauigkeit läge insgesamt jedoch mit 80,5% recht hoch.

Wie sieht es jedoch aus, wenn die Variablen in die Regressionsgleichung eingebracht werden? Kann das gesamte Modell den Kinderwunsch besser vorhersagen? Um die Güte des Regressionsmodells zu ermittelt wird die Differenz des negativen doppelten Wert des Logartithmus der Likelihoodfunktion (*-2LL*) des Modells mit nur der Konstanten (*Null-Modell*) und des Modell mit den eingeschlossenen erklärenden Variablen gebildet (vgl. Bühl & Zöfel 2002: 354). Diese Differenz wird als Chi²-Wert ausgegeben (vgl. Tabelle 32). Ein signifikanter Chi²-Wert würde in diesem Fall bedeuten, dass durch die Zugabe erklärender Variablen das Modell sich signifikant verbessert. Wie der Omnibus-Test zeigt, ist dies für das Modell der Fall. Der Chi²-Wert ist stark signifikant (vgl. Tabelle 32). Nagelkerkes R^2 gibt in diesem Zusammenhang an, dass die Fehlerreduktion in der

Vorhersage der abhängigen Variable auf Basis der unabhängigen Variablen 54,6% beträgt (vgl. Tabelle 33).

Omnibus-Tests der Modellkoeffizienten

		Chi-Quadrat	df	Sig.
Schritt 1	Schritt	255,473	25	,000
	Block	255,473	25	,000
	Modell	255,473	25	,000

Modellzusammenfassung

Schritt	-2 Log-Likelihood	Cox & Snell R-Quadrat	Nagelkerkes R-Quadrat
1	346,173[a]	,343	,546

a. Schätzung beendet bei Iteration Nummer 6, weil die Parameterschätzer sich um weniger als ,001 änderten.

Hosmer-Lemeshow-Test

Schritt	Chi-Quadrat	df	Sig.
1	15,214	8	,055

Tabelle 32-34: Omnibus-Test der Modellkoeffizienten (32), Modellzusammenfassung (33) und Hosmer-Lemeshow-Test (34)

Der Hosmer-Lemeshow-Test gibt des Weiteren aus, dass sich bei einer Überprüfung der beobachteten und der vorhergesagten Werte über eine Einteilung der Stichprobe in bis zu 10 Gruppen, diese sich zwischen den Gruppen nicht signifikant voneinander unterscheiden (vgl. Tabelle 34). Über die Bestätigung der Nullhypothese wird auch hier die gute Modellanpassung weiter untermauert. Dementsprechend verbessert sich auch bei Einschluss der erklärenden Variablen die Vorhersage des Kinderwunsches, so dass sich nur noch in 104 Fällen geirrt würde. Die Vorhersagegenauigkeit steigt somit auf 88,3% (vgl. Tabelle 35 Anhang).

Als nächstes sollen die einzelnen Variablen im Modell mit ihren Effekten und Signifikanzen betrachtet werden. Diese werden in der Tabelle 36 wiedergegeben. Wie in der univariaten Analyse, wo die älteren Altersgruppen sich eher keine Kinder mehr wünschten (vgl. 4.1), bestätigt sich auch hier signifikant, dass die Altersgruppenzugehörigkeit (***Alter****) einen Einfluss auf den Kinderwunsch hat. So erhöht sich mit der Zugehörigkeit zu einer der höheren Altersgruppen die Chance, dass sich keine Kinder gewünscht werden, kontinuierlich - beispielsweise mit der Zugehörigkeit zur Altersgruppe 33-37 um das knapp 11 fache.

Auch dem Geschlecht (***sex***), welches vorher einzeln keinen signifikanten Einfluss auf den Kinderwunsch ausübte, kann im Modell nun ein deutlicher Einfluss nachgewiesen werden. So steigt mit dem Geschlecht ‚weiblich' die Chance, dass eher keine Kinder gewünscht werden, um das 2,5 fache.

Variablen in der Gleichung

		Regressions-koeffizientB	Standardfehler	Wald	df	Sig.	Exp(B)
Schritt 1[a]	alter			91,517	4	,000	
	alter(1)	-,105	,556	,036	1	,850	,901
	alter(2)	1,298	,532	5,960	1	,015	3,660
	alter(3)	2,389	,551	18,795	1	,000	10,901
	alter(4)	4,476	,583	58,997	1	,000	87,905
	sex(1)	,933	,305	9,368	1	,002	2,541
	bild			8,659	2	,013	
	bild(1)	-,291	,371	,616	1	,433	,748
	bild(2)	-1,138	,415	7,498	1	,006	,321
	lebfor			1,813	2	,404	
	lebfor(1)	-,308	,401	,591	1	,442	,735
	lebfor(2)	-,555	,413	1,808	1	,179	,574
	finbew			3,842	3	,279	
	finbew(1)	-,346	,729	,226	1	,635	,707
	finbew(2)	-,523	,731	,511	1	,475	,593
	finbew(3)	,379	,840	,204	1	,652	1,461
	einkgr			3,890	5	,565	
	einkgr(1)	,288	,659	,191	1	,662	1,333
	einkgr(2)	-,472	,701	,452	1	,501	,624
	einkgr(3)	-,086	,709	,015	1	,903	,917
	einkgr(4)	-,108	,812	,018	1	,894	,898
	einkgr(5)	,393	,827	,226	1	,634	1,482
	kirche			5,308	4	,257	
	kirche(1)	-,322	,371	,755	1	,385	,725
	kirche(2)	-,456	,423	1,163	1	,281	,634
	kirche(3)	-,921	,717	1,652	1	,199	,398
	kirche(4)	-1,589	,759	4,384	1	,036	,204
	f52(1)	,131	,745	,031	1	,860	1,140
	kontr	,415	,249	2,786	1	,095	1,515
	f910c	-1,506	,228	43,619	1	,000	,222
	f910b	,255	,168	2,305	1	,129	1,291
	Konstante	1,054	1,512	,486	1	,486	2,870

a. In Schritt 1 eingegebene Variablen: alter, sex, bild, lebfor, finbew, einkgr, kirche, f52, kontr, f910c, f910b.

Tabelle 36: Regressionskoeffizienten, Signifikanzen & Exp(b) der Konstanten & im Modell enthaltenen Variablen

Die Bildung (***Bild****) hat auf den Kinderwunsch hingegen einen positiven Einfluss. So nimmt mit steigendem Bildungsniveau nimmt die Chance, dass Kinder gewünscht werden in der Tendenz zu. So haben Personen mit hohem Bildungsniveau (***bild2***) im Vergleich zu Personen mit niedrigem Bildungsniveau (Referenzgruppe) eine ca. 68% höhere Chance, dass sie sich Kinder wünschen (vgl. Tabelle 36).

Besonders förderlich für den Kinderwunsch ist auch die Einstellung bezüglich des Nutzens der Kinder (910c). Mit jeder Skaleneinheit steigt hier die Chance, dass sich Kinder gewünscht werden um ca. 78% (vgl. Tabelle 36). In diesem Zusammenhang kann auch der Einfluss der Religiosität einer Person gewertet werden. Hier erweist sich zumindest im Vergleich mit 'gar nicht' religiösen Menschen, eine besonders starke Religiosität als einer Elternschaft dienlich. So steigt die Chance um ca. 80%, wenn die Personen ein bis mehrmals in der Woche in die Kirche gehen.

Der Einfluss der anderen Variablen - genauer gesagt der einzelnen Lebensformen, des Items 910b (Kinder als Kostenfaktor), der Kontrollwahrnehmung, sowie der Variable ***Eink*** und ***Finbew*** - kann leider nicht empirisch nachgewiesen werden. Die Ergebnisse sind eher auf den Zufall zurückzuführen, wie die fehlende Signifikanz zeigt. So ist zwar das Gesamtmodell signifikant, doch muss aufgrund der Ergebnisse im Bezug auf den Einfluss des Einkommens und deren Bewertung, die Nullhypothese zunächst beibehalten werden.

Für die signifikanten Variablen und Items lässt sich nun folgende Regressionsgleichung aufstellen, um eine Wahrscheinlichkeit des Kinderwunsches je nach Ausprägungen, eines Befragten zu berechnen:

$$\textbf{Logit} = 1{,}054 + 1{,}298*\text{alter}(2) + 2{,}389*\text{alter}(3) + 4{,}476*\text{alter}(4) + 0{,}933*\text{sex} + (-1{,}138)*\text{bild}(2) + (-1{,}589)*\text{kirche}(4) + (-1{,}506)*\text{f910c}$$

Insgesamt ergeben sich in der Analyse einige interessante Ergebnisse. So ist zunächst überraschend, dass Männer im Vergleich zu Frauen eine deutlich höhere Wahrscheinlichkeit habe, dass sie sich Kinder wünschen. Nach einer Studie von Borchardt und Stöbel-Richter (2004), in der sich zeigte, dass sich bei Männern ein Kinderwunsch normalerweise erst viel später, als bei Frauen entwickelt, und dass Frauen diesen sogar als Teil ihrer Normalbiographie internalisiert hätten (Borchardt & Stöbel-Richter 2004: 114), wäre eigentlich zu erwarten gewesen, dass sich eher die Frauen häufiger Kinder wünschen. Zu ähnlichen Ergebnissen mit dem Familiensurvey 2000 kommt jedoch auch Onnen-Isemann (2008), allerdings nur für ledige Männer, die sich häufiger als ledige Frauen Kinder wünschen (Onnen-Isemann 2008: 129).

Die vorliegenden Ergebnisse könnten in diesem Zusammenhang vielleicht indirekt als eine Folge der zunehmenden berufsbiographischen Orientierungen vieler Frauen angesehen werden, in dem eine Karriere als Teil der Biographie immer wichtiger wird (vgl. Huinink & Konietzka 2007: 160; Vaskovics & Rupp 1995: 20). Denn anders als bei den Männern, bei denen sich der Kinderwunsch erst im Laufe der Zeit entwickelt (Borchardt & Stöbel-Richter 2004) und mit dem Alter stärker wird (Onnen-Isemann 2008: 131-132), könnte dieser latent vorhandene Wunsch bei den Frauen durch berufsbiographische Orientierungen, die zunächst wichtiger erscheinen, verdeckt werden. Ob eine solche Vermutung zutreffend ist, müsste jedoch zunächst weiter ermittelt werden.

Nicht überraschend, aber ebenfalls interessant, ist an dieser Stelle der Effekt der Altersgruppenzugehörigkeit. So erscheint es verständlich, dass Personen die eine Elternschaft lange aufgeschoben, und sich über die Zeit an ihre Lebensweise gewöhnt haben, sich irgendwann keine Kinder mehr wünschen. Auch, dass mit steigender Bildung die Wahrscheinlichkeit eines Kinderwunsches zunimmt, überrascht nicht vor dem Hintergrund, dass Wissen mehr Optionen und Möglichkeiten im Lebenslauf eröffnet und Unsicherheiten vermindern kann (vgl. 2.2.4). Denn mit der Qualifikation einer Person steigen auch ihre Chancen einer besseren Erwerbsarbeit und somit die Chancen einer finanzieller Absicherung. Der Effekt der hohen Häufigkeit des Kirchbesuchs erscheint ebenfalls Sinn zu ergeben, vor dem Hintergrund, dass diese Personen vermutlich recht stark in die religiöse Gemeinde integriert sind und den dort vertretenen Werten und Normen, die einer Elternschaft recht positiv gegenüber stehen (beispielsweise die Ehe zum Zwecke der Familiengründung ansehen) eher folgen.

Die fehlende Verbindlichkeit der hier betrachteten Kinderwunsches könnte eine Erklärung für die fehlende Signifikanz der Effekte des Einkommens (***Eink***) und seiner Bewertung (***Finbew***) sein. Es spricht einiges an dieser Stelle dafür, dass der reine Kinderwunsch daher eher als Einstellungsfrage anzusehen ist.

5.2 Geschlecht, finanzielle Ressourcen und Kinderwunsch

Wie bereits angemerkt wurde, gibt es allerdings die Möglichkeit, dass sich der Effekt des Einkommens auf den Kinderwunsch zwischen den Geschlechtern unterscheidet und so in der vorangegangenen Analyse verdeckt wurde (vgl. 3.4). Die zu untersuchende Hypothese lautet dementsprechend:

H1a: Der Effekt des Einkommens auf den Kinderwunsch unterscheidet sich zwischen den Geschlechtern.

Zur Untersuchung der Hypothese wird erneut die binär logistische Regression aus der ersten Hypothesenüberprüfung durchgeführt. Alle Variablen (bis auf das Geschlecht) gehen erneut in die Untersuchung ein. Diesmal jedoch wird die Analyse getrennt für beide Geschlechter vorgenommen. Dabei gehen 301 männliche und 308 weibliche Befragte in die Analyse mit ein.

Omnibus-Tests der Modellkoeffizienten

[5>] Befragte/r ist m/w			Chi-Quadrat	df	Sig.
Maenlich	Schritt 1	Schritt	136,963	24	,000
		Block	136,963	24	,000
		Modell	136,963	24	,000
Weiblich	Schritt 1	Schritt	146,414	24	,000
		Block	146,414	24	,000
		Modell	146,414	24	,000

Modellzusammenfassung

[5>] Befragte/r ist m/w	Schritt	-2 Log-Likelihood	Cox & Snell R-Quadrat	Nagelkerkes R-Quadrat
Maenlich	1	146,269[a]	,366	,600
Weiblich	1	171,029[b]	,378	,588

Tabelle 37 & 38: Omnibus-Test der Modellkoeffizienten (38) und Modellzusammenfassung (39)

Das Modell erweist sich erneut als signifikant (vgl. Tabelle 37). Der Hosmer-Lemeshow-Test gibt auch hier aus, dass sich bei einer Überprüfung der beobachteten und der vorhergesagten Werte über eine Einteilung der Stichprobe in bis zu 10 Gruppen, diese sich zwischen den Gruppen nicht signifikant voneinander unterscheiden (vgl. Tabelle 39). Die Fehlerreduktion in der Vorhersage der abhängigen Variable auf Basis der unabhängigen Variablen beträgt für die Männer 60% und für die Frauen ca. 59% (vgl. Tabelle 38).

Hosmer-Lemeshow-Test

[5>] Befragte/r ist m/w	Schritt	Chi-Quadrat	df	Sig.
Maenlich	1	5,655	8	,686
Weiblich	1	4,051	8	,853

Tabelle 39: Hosmer-Lemeshow-Test

Von besonderem Interesse sind nun erneut die im Modell eingeschlossenen Variablen und die Beantwortung der Frage, ob sich die Einflusseffekte der Variablen und im Besonderen des Einkommens und der Bewertung der finanziellen Lage, verändert haben. Hier ist zunächst festzustellen, dass die Richtung der meisten Effekte der Einflussvariablen gleich geblieben ist, und dass sowohl dem Einkommen, als auch dessen Bewertung, weiterhin kein signifikanter Einfluss nachgewiesen werden kann (vgl. Tabelle 36 & Tabelle 40). Zudem zeigen sich die bisher gefundenen Einflusseffekte mehrheitlich nur noch für die Frauen als signifikant: so ist gerade der sehr häufige Kirchenbesuch bei den Frauen für den Kinderwunsch förderlich (so erhöht sich die Chance, dass sich Kinder gewünscht werden, um ca. 94%). Ähnlich sieht es bezogen auf die Bildung aus: höhere Bildung wirkt auch hier förderlich auf den Kinderwunsch (vgl. Tabelle 40).

Für beide Geschlechter erweist sich die Zugehörigkeit zu bestimmten Altersgruppen als weiterhin bedeutsam (bei den Frauen den ersten drei bzw. bei den Männern die letzten beiden Altersgruppen). Dabei wird ersichtlich, dass die Zugehörigkeit zu den höheren Altersgruppen die Chancen der Ablehnung eines Kinderwunsches deutlich steigert. Auch der Nutzen-Bewertung von Kindern fällt erneut ein signifikanter positiver Effekt für den Kinderwunsch zu. Hier erhöht sich mit jeder Skaleneinheit der Nutzenbewertung der Kinderwunsch um ca. 77% für die Männer und um ca. 83% für die Frauen. Neu ist an dieser Stelle jedoch, dass nun auch die Kosten-Bewertung von Kinder für die Männer eine Rolle zu spielen scheint. Dieser Effekt überrascht jedoch nicht, vor dem Hintergrund des in Westdeutschland dominanten 'männlichen Ernährermodells'.

Mit dem weiterhin insignifikanten Einfluss der finanziellen Ressourcen und deren Bewertung ist damit die ursprüngliche Hypothese widerlegt. Anders als vermutet wird der Kinderwunsch damit nicht direkt von den finanziellen Ressourcen und ihrer Bewertung betroffen. Hier ist jedoch zu beachten, dass durchaus indirekte Effekte der finanziellen Ressourcen und ihrer Bewertung bestehen.

So verändert sich die Einstellung zu Kindern signifikant mit den Höhe und der Bewertung der finanziellen Ressourcen (vgl. 4.5).

Allerdings könnte auch hier die fehlende Verbindlichkeit des Kinderwunsches eine bedeutende Ursache des fehlenden direkten Einflusses der finanziellen Ressourcen sein. Es ist daher sinnvoll den Einfluss der Ressourcen auf die Timingintention der ersten Elternschaft zu betrachten, wenn eine mehr oder weniger konkrete Umsetzung eines Kinderwunsches erfolgt.

Tabelle 40: Exp(b) & Signifikanzen der im Modell enthaltenen Variablen

	Männer		Frauen	
	Exp(B)	*Sig.*	Exp(B)	*Sig.*
Alter				
18 - 22	R		R	
23 - 27	0,628	*0,674*	0,875	*0,858*
28 - 32	2,965	*0,271*	4,571	*0,037*
33 - 37	5,705	0,084	**20,113**	***0,000***
38 - 42	**110,149**	***0,000***	**61,276**	***0,000***
Kichbesuch:				
nie	R		R	
selten	0,713	*0,567*	0,627	*0,392*
mehrm. im Jahr	1,025	*0,970*	0,530	*0,316*
1 - 3 im Monat	0,836	*0,884*	0,158	*0,131*
1 - mehrm. die Woche	0,680	*0,685*	**0,063**	***0,034***
Lebensform:				
LAT	R		R	
NEL	0,967	*0,959*	0,745	*0,626*
EHE	0,507	*0,313*	0,706	*0,573*
Bildung:				
niedrig	R		R	
mittel	0,496	*0,234*	0,755	*0,613*
hoch	0,372	0,087	**0,184**	***0,020***
Ost/West:				
West	R		R	
Ost	2,429	*0,478*	0,981	*0,985*
Einkommen (pro Kopf):				
bis 1000 DM	R		R	
1001 - 1500 DM	0,697	*0,733*	1,813	*0,553*
1501 - 2000 DM	0,344	*0,366*	0,757	*0,786*
2001 - 2500 DM	0,569	*0,611*	0,969	*0,977*
2501 - 3000 DM	1,293	*0,835*	0,371	*0,437*
über 3000 DM	0,752	*0,838*	4,003	*0,258*
Finanzielle Bewertung:				
schlecht	R		R	
bescheiden	0,144	*0,076*	11,324	*0,250*
zufriedenstellend	0,237	*0,153*	7,460	*0,346*
ausgezeichnet	0,244	*0,246*	24,592	*0,147*
Kontrollwahrnehmung	1,852	*0,110*	1,254	*0,559*
Einstellung Kinder:				
Nutzen	**0,228**	***0,000***	**0,168**	***0,000***
Kosten	**1,989**	***0,019***	0,965	*0,886*
Konstante	1,495	*0,848*	5,975	*0,550*

5.3 Das Timing der ersten Elternschaft

Wie sieht es also bezogen auf das intendierte Timing der ersten Elternschaft aus? Kann hier ein Einfluss des Einkommens und der finanziellen Bewertung nachgewiesen werden? Um diese Frage zu klären wird die zweite Hypothese untersucht:

H2: Das intendierte Timing der ersten Elternschaft ist abhängig von den finanziellen Ressourcen und ihrer Bewertung. Je schlechter dabei die vorhandenen finanziellen Ressourcen bewertet werden, umso später wird eine Elternschaft angestrebt.

Zur Überprüfung der zweiten Hypothese wird die ordinale Regression als Analyseverfahren verwendet, da die abhängige Variable, das intendierte Timing der ersten Elternschaft (***f259d***), ordinalskaliert ist. Die erklärenden Variablen sind vor allem die Variablen ***Finbew*** und ***Einkgr***. Die Überprüfung der Hypothese findet wieder im Rahmen des im Abschnitt 3.4 dargestellten Untersuchungsmodells statt, so dass die darin enthaltenen Variablen als Kontrollvariablen mit einfließen. Dabei werden die unabhängigen Variablen ***Alterdi***, Geschlecht (***sex***), ***Lebfor, Bild, Einkgr***, ***Finbew*** und ***Kirche*** als Faktoren, und die unabhängige Variable ***Kontr*** bzw. die Items 910b/910c, als Kovariaten in die Analyse eingeschlossen. [Aufgrund von zu geringen gültigen Fallzahlen wird die Variable Ost/West (f51) in den hier vorgenommenen Analyse nicht mehr berücksichtigt (so würden gerade einmal 21 Fälle für Ostdeutschland betrachtet)]. Um eine ähnliche Interpretation der Faktoren wie im ersten Modell zu erlauben, während diese im vorliegenden Modell entsprechend gedreht, da hier als Standardeinstellung die *letzte* Ausprägung eines Faktors als Referenz genommen wird. Erneut sind so bei der Variable Alter (dichotom) die Kategorie '18-33', beim Geschlecht 'männlich', bei der Lebensform die 'LAT-Beziehung', beim Einkommen 'bis 1000 DM', bei ***Finbew*** 'schlecht', bei der ***Bildung*** 'niedrig' und bei der Häufigkeit des Kirchenbesuchs 'nie' die Referenzkategorie. Als Teststatistik des Einflusses der einzelnen unabhängigen Variablen im Modell wird die Wald-Statistik angenommen. Das Signifikanzniveau wird wieder auf 5% festgelegt. Wie die Tabelle 41 (Anhang) ausgibt gehen 425 Fälle in die Analyse mit ein. Als Maß, ob die unabhängigen Variablen eine signifikante Verbesserung der Modellinformation bringen, dient der negative 2LL-Wert (Bühl & Zöfel 2002: 374).

Information zur Modellanpassung

Modell	-2 Log-Likelihood	Chi-Quadrat	Freiheitsgrade	Sig.
Nur konstanter Term	930,702			
Final	756,051	174,651	21	,000

Verknüpfungsfunktion: Logit.

Tabelle 42: Test der Modellanpassung

Auch für dieses Modell ergibt sich unter Einschluss der erklärenden Variablen (Faktoren & Kovariaten) eine signifikante Verbesserung des negativen 2LL-Wertes (vgl. Tabelle 42).

Die Anpassungsgüte des Modells wird schließlich ähnlich wie beim Hosmer-Lemeshow-Test über den Vergleich der im Modell geschätzten mit den beobachteten Häufigkeiten gebildet. Dabei wird ein Chi²-Test nach Pearson durchgeführt und die Ablehnung der Nullhypothese angestrebt (vgl. Bühl & Zöfel 2002: 374). Im Falle des Modells wird die Nullhypothese bestätigt und eine gute Anpassungsgüte des Modells unterstellt (vgl. Tabelle 43).

Anpassungsgüte

	Chi-Quadrat	Freiheitsgrade	Sig.
Pearson	854,832	821	,200
Abweichung	753,278	821	,956

Verknüpfungsfunktion: Logit.

Tabelle 43: Test der Anpassungsgüte des Modells

Warnungen

Es gibt 842 (66,5%) Zellen (also Niveaus der abhängigen Variablen über Kombinationen von Werten der Einflußvariablen) mit Null-Häufigkeiten.

Abb.21: Ausgabe der Warnung über den Prozentsatz der Zellen mit Null-Häufigkeiten

Da in die Analyse jedoch viele Zellen mit Nullhäufigkeiten eingegangen sind (vgl. Abb.21), ist die Anwendung des Chi²-Testes nach Pearson als Test der Anpassungsgüte des Modells als problematisch und als wenig verlässlich anzusehen. Um die Güte des signifikanten Modells dennoch einschätzen zu können, wird zunächst Nagelkerkes Pseudo- R^2 betrachtet. Dieses gibt in etwa an, dass sich durch die ordinale Regression ca. 38% der Varianz der abhängigen Variable erklären ließen (vgl. Tabelle 44).

Pseudo R-Quadrat

Cox und Snell	,337
Nagelkerke	,379
McFadden	,187

Verknüpfungsfunktion: Logit.

Parallelitätstest für Linien

Modell	-2 Log-Likelihood	Chi-Quadrat	Freiheitsgrade	Sig.
Nullhypothese	756,051			
Allgemein	726,577	29,473	21	,103

Die Nullhypothese gibt an, daß die Lageparameter (Steigungkoeffizienten) über die Antwortkategorien übereinstimmen.

Tabelle 44 (links): Ausgabe des Pseudo- R^2 nach Nagelkerke
Tabelle 45 (rechts): Test auf Proportionalität der Effekte

Im Hinblick auf die Hypothesen stellt sich nun die Frage, welche im Modell eingeschlossenen Variablen einen signifikanten Einfluss auf die abhängige Variable ausüben. Diese Frage lässt sich mit Hilfe der Tabelle 46 klären. In ihr sind die Signifikanzen, sowie die Parameterschätzer der abhängigen Variable (Schwelle) und der unabhängigen Variablen (Lage) zu entnehmen, mit deren Hilfe sich über die Formel: *Logit = Schwellenschätzer – Summe der Lageschätzer* die kumulierte Wahrscheinlichkeit für die einzelnen Kategorien der abhängigen Variable jeweils berechnen lässt (vgl. Bühl & Zöfel 2002: 376-377). An dieser Stelle interessieren jedoch mehr die einzelnen Effekte der jeweiligen unabhängigen Variablen. Bevor diese jedoch betrachtet werden, wird zunächst überprüft, ob sich die geschätzten Effekte der einzelnen Variablen auch über alle Antwortkategorien der abhängigen Variable proportional verhalten. Der entsprechende Test gibt aus, das dies der Fall ist und die Effekte die in der Tabelle 45 angegeben werden somit für alle Antwortkategorien der abhängigen Variable gelten und interpretiert werden können (vgl. Tabelle 45).

Wie schon bei der Überprüfung des generellen Kinderwunsches, zeigt sich nun auch beim intendierten Timing der ersten Elternschaft ein signifikanter Einfluss der Altersgruppenzugehörigkeit (***Alterdi***), der Bildung (***Bild***) und des Items 910c (Nutzen von Kindern). Während das Geschlecht in diesem Fall keine Rolle zu spielen scheint, können den Lebensformen (***Lebfor****) und dem Einkommen (***Eink****) diesmal signifikante Einflüsse nachgewiesen werden (vgl. Tabelle 46). Über die Schätzer (Lageschätzer) lassen sich dabei die Effekte der einzelnen unabhängigen Variablen interpretieren. Ein positiver Schätzer bedeutet dabei, dass „die betreffende Kategorie [oder Variable] im Sinne einer höheren Kategorie der abhängigen Variable wirkt" (Bühl & Zöfel 2002: 376). Ein negativer Schätzer beschreibt dementsprechend die gegenteilige Wirkung: hier würde dies einer höheren Zustimmung, eine Elternschaft innerhalb der nächsten zwei bis vier Jahre umsetzen zu wollen, entsprechen.

Parameterschätzer

		Schätzer	Standardfehler	Wald	Sig.
Schwelle	[f259d = 1]	-3,775	1,220	9,573	,002
	[f259d = 2]	-1,788	1,207	2,192	,139
Lage	kontr	,189	,177	1,134	,287
	f910c	-,604	,236	6,561	,010
	f910b	,012	,108	,012	,912
	[alterdir=0]	-1,280	,333	14,788	,000
	[alterdir=1]	0[a]	.	.	.
	[sexr=0]	-,253	,203	1,551	,213
	[sexr=1]	0[a]	.	.	.
	[lebforr=1]	-2,327	,282	68,172	,000
	[lebforr=2]	-1,298	,247	27,619	,000
	[lebforr=3]	0[a]	.	.	.
	[bildr=1]	,659	,288	5,217	,022
	[bildr=2]	,269	,278	,936	,333
	[bildr=3]	0[a]	.	.	.
	[finbewr=1]	,306	,668	,210	,647
	[finbewr=2]	,208	,519	,161	,688
	[finbewr=3]	,406	,524	,600	,438
	[finbewr=4]	0[a]	.	.	.
	[einkgrr=1]	-,798	,546	2,132	,144
	[einkgrr=2]	-,835	,505	2,730	,098
	[einkgrr=3]	-,835	,392	4,526	,033
	[einkgrr=4]	-,757	,375	4,080	,043
	[einkgrr=5]	-,441	,370	1,417	,234
	[einkgrr=6]	0[a]	.	.	.
	[kircher=1]	-,063	,449	,020	,888
	[kircher=2]	-,264	,404	,427	,513
	[kircher=3]	,163	,285	,325	,569
	[kircher=4]	,244	,261	,872	,350
	[kircher=5]	0[a]	.	.	.

Verknüpfungsfunktion: Logit.

a. Dieser Parameter wird auf Null gesetzt, weil er redundant ist.

Tabelle 46: Parameterschätzer der ordinalen Regression

In einer Ehe (***Lebfor=1***) statt in einer LAT-Beziehung zu leben bewirkt beispielsweise eine höhere Zustimmung zur Umsetzung einer Elternschaft 'innerhalb der nächsten zwei/vier Jahre' (der Schätzer ist hier negativ). Gleiches gilt in etwas abgeschwächter Weise für die Lebensform NEL. Eine LAT-Beziehung (Referenzkategorie) würde also im Vergleich das spätere Umsetzen einer ersten Elternschaft (genauer genommen deren Intention) am ehesten fördern. Anders sieht es aus für die Nutzenbewertung von Kindern aus (910c). Hier steigt die Zustimmung zu einer Elternschaft mit steigender Nutzenbewertung, wie der negative Schätzer verdeutlicht. Die Zugehörigkeit zur zweiten Altersgruppe wirkt, ebenfalls entgegen der Richtung im ersten Modell, im Sinne einer niedrigeren Kategorie der abhängigen Variable (d.h. im Sinne einer intendierten Umsetzung der ersten Elternschaft innerhalb der nächsten zwei bis vier Jahre).

Mögliche Interpretationen dieser im Vergleich zum ersten Untersuchungsmodell z.T. unterschiedlichen Ergebnisse, sollen in der Diskussion am Schluss dieser Arbeit folgen. Zunächst wollen wir uns der Fragestellung der Untersuchung widmen und den Effekt der Variable ***Eink**** betrachten. Dieser ist diesmal für einzelne Einkommenskategorien der Variable signifikant. Im Vergleich zum niedrigen Einkommen verstärkt die Zugehörigkeit zu einer der mittleren Einkommenskategorien die Zustimmung die Elternschaft früher umsetzen zu wollen. Interessant ist zudem, dass sich die Effekte zwischen den mittleren Einkommensgruppen dabei kaum unterscheiden. Was die Bewertung der finanziellen Lage angeht, so ergibt sich ein überraschendes Vorzeichen. Eine bessere Bewertung der eigenen finanziellen Lage würde hier - im Vergleich zur Referenzkategorie (schlecht) – den Aufschub der ersten Elternschaft fördern. Diese Einflusseffekte erweisen sich jedoch als insignifikant und werden daher als zufällig angenommen.

Auch wenn sich die Annahmen und die Hypothese im Bezug auf den Einfluss der Variable ***Finbew**** nicht bestätigt haben, kann die Ursprungshypothese damit in Teilen als bestätigt gelten. Denn mit dem vorliegenden Ergebnis ergibt sich ein Hinweis darauf, dass die Ressourcen zu einem wichtigen Entscheidungskriterium werden, wenn es tatsächlich an die Umsetzung einer Elternschaft geht (vgl. 5.1). Gerade der Einfluss der Variable ***Finbew**** sollte jedoch weiter betrachtet werden, da den theoretischen Überlegungen nach eher die Bewertung der finanziellen Lage, d.h. die Wahrnehmung der eigenen finanziellen Möglichkeiten, das Entscheidungsverhalten der Menschen beeinflussen sollte. Dieses sollte sich vor allem zwischen den Geschlechter unterscheiden, da vor allem für Frauen hohe Opportunitätskosten mit einer ersten Elternschaft entstehen (vgl. Borchardt & Stöbel-Richter 2004: 50-51). Eine nach Geschlechtern getrennte Betrachtung des Effektes der Bewertung der finanziellen Lage ist zudem sinnvoll, da eine Elternschaft zudem für niedrige Bildungsschichten eine alternative Lebensplanung darstellt, die genutzt werden kann, sofern die berufliche Perspektive negativ eingeschätzt wird (vgl. Friedmann, Hechter & Kanazawa 1994: 381, 383-384). Diese Annahmen sollen im Rahmen der dritten Hypothesenüberprüfung getestet werden.

5.4 Geschlecht und Ressourcenbewertung

In der vorangegangenen Hypothesenüberprüfung hatten die Variable ***Finbew*** und das Geschlecht leider keinen signifikanten Einfluss auf das intendierte Timing der ersten Elternschaft (vgl. Tabelle 46). Allerdings könnte der Einfluss beider Variablen auf das intendierte Timing der ersten Elternschaft verdeckt worden sein. Ein Grund für diese Annahme ist das erwähnt höhere Risiko für Frauen sich für eine ‚falsche' Option im Lebenslauf zu entscheiden, da sie z.B. im Falle einer Schwangerschaft mit höheren Opportunitätskosten zu kämpfen haben (Borchardt & Stöbel-Richter 2004: 50-51). Dementsprechend könnte sich die Bewertung der finanziellen Lage unterschiedlich für die Geschlechter auf das intendierte Timing der ersten Elternschaft auswirken. Eine Betrachtung dieses Zusammenhangs findet im Zusammenhang mit der dritten Hypothese statt:

H3: Der Einfluss der Bewertung der finanziellen Lage auf das intendierte Timing der ersten Elternschaft unterscheidet sich zwischen den Geschlechtern. Bei Frauen bewirkt eine schlechte finanzielle Bewertung eher den Aufschub der Elternschaft auf später, als bei Männern.

Um die Hypothese zu überprüfen wird, bis auf eine kleine Änderung, erneut die ordinale Regressionsanalyse der letzten Hypothesenüberprüfung durchgeführt. Die von mir angesprochene Änderung betrifft die in der ordinalen Regression allgemein enthaltene Möglichkeit, Wechselwirkungen zwischen Variablen über das SPSS-

Programmmenu in das zu untersuchende Modell einzubauen (vgl. Bühl & Zöfel 2002: 373). Über diese Funktion lasse ich einen Interaktionsterm der Variablen ***Finbew*** und ***Sex*** in die Analyse mit einfließen, um darüber die Effekte der Bewertung der finanziellen Lage auf das intendierte Timing der ersten Elternschaft für die einzelnen Geschlechter zu kontrollieren. In diesem Zusammenhang wird jedoch, um die Ergebnisse besser interpretieren zu können, die Variable ***Finbew*** dichotomisiert. Die Ausprägungen 'schlecht' und 'bescheiden bzw. 'zufriedenstellend' und 'ausgezeichnet' werden dabei zusammengefasst (vgl. Syn.14 Anhang II). Zudem werden die als Kovariaten berücksichtigten Variablen an ihrem Mittelwert zentriert (vgl. Syn.15 Anhang II). Die abhängige Variable ist weiterhin das intendierte Timing der ersten Elternschaft (***f259d***). Neben der Interaktionsvariable und den zentrierten Kovariaten fließen wie in der vorhergegangenen Analyse alle weiteren in dem Untersuchungsmodell enthaltenen Variablen als Kontrollvariablen mit ein (vgl. 5.2).

In die Analyse werden 431 Fälle mit einbezogen (vgl. Tabelle 47 Anhang). Auch dieses Mal ist das von mir aufgestellte Modell hochgradig signifikant (vgl. Tabelle 48). Wie das Nagelkerke ausgibt, verbessert sich durch die Modellanpassung die erklärte Varianz nur geringfügig und beträgt nun 39,1% (vgl. Tabelle 49).

Information zur Modellanpassung

Modell	-2 Log-Likelihood	Chi-Quadrat	Freiheitsgrade	Sig.
Nur konstanter Term	930,702			
Final	749,184	181,518	20	,000

Verknüpfungsfunktion: Logit.

Pseudo R-Quadrat

Cox und Snell	,348
Nagelkerke	,391
McFadden	,194

Verknüpfungsfunktion: Logit.

Tabelle 48 (links): Test der Modellanpassung
Tabelle 49 (rechts): Ausgabe des Pseudo- R^2 nach Nagelkerke

Auch die Proportionalität der Effekte über alle Antwortkategorien der abhängigen Variable kann erneut bestätigt werden (allerdings ist der durchgeführte Test erneut tendenziell signifikant; vgl. Tabelle 50).

Parallelitätstest für Linien[c]

Modell	-2 Log-Likelihood	Chi-Quadrat	Freiheitsgrade	Sig.
Nullhypothese	749,184			
Allgemein	718,750[a]	30,434[b]	20	,063

Tabelle 50: Test auf Proportionalität der Effekte

Wie sieht es nun mit den Effekten der Interaktionsvariablen aus? Dazu betrachte ich erneut die Parameterschätzer (vgl. Tabelle 51).

Parameterschätzer

		Schätzer	Standardfehler	Wald	Sig.
Schwelle	[f259d = 1]	-4,424	1,204	13,504	,000
	[f259d = 2]	-2,408	1,187	4,112	,043
Lage	[alterdir=0]	-1,174	,333	12,425	,000
	[alterdir=1]	0[a]	.	.	.
	[sexr=0]	-1,279	,434	8,690	,003
	[sexr=1]	0[a]	.	.	.
	[lebforr=1]	-2,378	,284	70,266	,000
	[lebforr=2]	-1,340	,249	28,913	,000
	[lebforr=3]	0[a]	.	.	.
	[bildr=1]	,686	,289	5,630	,018
	[bildr=2]	,337	,279	1,451	,228
	[bildr=3]	0[a]	.	.	.
	[einkgrr=1]	-,743	,541	1,888	,169
	[einkgrr=2]	-,706	,496	2,023	,155
	[einkgrr=3]	-,703	,380	3,424	,064
	[einkgrr=4]	-,593	,360	2,703	,100
	[einkgrr=5]	-,297	,356	,697	,404
	[einkgrr=6]	0[a]	.	.	.
	[kircher=1]	,000	,450	,000	1,000
	[kircher=2]	-,203	,405	,252	,616
	[kircher=3]	,224	,288	,604	,437
	[kircher=4]	,337	,264	1,632	,201
	[kircher=5]	0[a]	.	.	.
	[finbew2=0]	-,857	,392	4,781	,029
	[finbew2=1]	0[a]	.	.	.
	kontr	,201	,177	1,293	,256
	f910c	-,584	,237	6,057	,014
	f910b	-,010	,108	,008	,930
	[sexr=0] * [finbew2=0]	1,322	,488	7,356	,007
	[sexr=0] * [finbew2=1]	0[a]	.	.	.
	[sexr=1] * [finbew2=0]	0[a]	.	.	.
	[sexr=1] * [finbew2=1]	0[a]	.	.	.

Verknüpfungsfunktion: Logit.

a. Dieser Parameter wird auf Null gesetzt, weil er redundant ist.

Tabelle 51: Parameterschätzer der ordinalen Regression

Auf viele Variablen hatte die Modellanpassung keinen großen Einfluss - ihre Schätzer, deren Richtung und Signifikanzen sind zumeist ungefähr gleich geblieben (vgl. Tabelle 46 & 51). Anders sieht es jedoch mit dem Einfluss des Geschlechts aus. Dieser ist nun signifikant (vgl. Tabelle 51). Das Geschlecht ‚weiblich' (sexr = 0) verstärkt dabei, wie der Schätzer angibt, die Zustimmung eine Elternschaft früher umsetzen zu wollen. Ein interessantes Ergebnis, wenn man bedenkt, dass wiederum die Männer eine größere Wahrscheinlichkeit hatten, dass sie sich Kinder wünschen (vgl. 5.1).

Verändert hat sich zudem der Effekt der finanziellen Ressourcen (***einkgrr***) und ihrer Bewertung (***finbew2***). Der Einkommenseffekt ist bezogen auf die Referenzkategorie, betrachtet man die mittleren Einkommensgruppen, nur noch als tendenziell signifikant zu bezeichnen. Wobei die Zugehörigkeit zu einer höheren Einkommensgruppe als bis '1000 DM' die Intention eine erste Elternschaft früher eingehen zu wollen, weiterhin zu fördern scheint. Daneben zeigt sich nun der Einfluss der finanziellen Bewertung hingegen als signifikant. Dabei scheint mit der Veränderung der Bewertung der eigenen finanziellen Lage von 'schlecht' zu 'zufriedenstellend' die Zustimmung eine Elternschaft innerhalb der nächsten zwei bzw. vier Jahre umsetzen zu wollen, zuzunehmen. Um diesen Effekt interpretieren zu können, müssen allerdings neben dem direkten Effekt der finanziellen Bewertung auch noch der neu hinzugekommene Interaktionseffekt der Variablen ***Finbew2*** und ***Sexr***, sowie der Effekt des Geschlechts berücksichtigt werden. Dabei ist zunächst festzuhalten, dass neben den beiden Haupteffekten auch der Interaktionsffekt signifikant in seinem Einfluss ist. Tabelle 52 verdeutlicht nun die Gesamteffekte:

	MU	MZ	FU	FZ
b	Referenz	- 0,857	-1,279	- 0,892
Odds-Ratio		0,424	0,278	0,409

* MU = unzufriedene Männer, MZ = zufriedene Männer, FU = unzufriedene Frauen, FZ = zufriedene Frauen,

Tabelle 52: Gesamteffekte der Variablen *Finbew2* & *sexr*

Wie die Tabellen 52 zeigt, bestätigt sich die Vermutung des ersten Teils der Hypothese dahingehend, dass der Einfluss einer negativen Bewertung der finanziellen Lage auf das intendierte Timing der ersten Elternschaft geschlechtsabhängig ist. So verdeutlicht der negative Schätzer der Frauen die mit ihrer finanziellen Lage unzufrieden sind (FU), dass sie im Vergleich zu Männern in gleicher Lage (MU) eher zustimmen eine erste Elternschaft früher umsetzen zu wollen. Ihre Chance eine erste Elternschaft früher umsetzen zu wollen, ist im Vergleich zu den Männern um ca. 73% größer (vgl. Odds-Ratio Tabelle 52). Ein Effekt der damit zusammenhängen könnte, dass Männer, aufgrund des häufig noch vorhandenen „männlichen Ernährermodells“ in unserer (gerade westdeutschen) Gesellschaft, erst bei ausreichend finanzieller Sicherheit eine Elternschaft anstreben (vgl. Kühn 2005: 130-131, 136-137; Kreyenfeld 2002: 22). Während für Frauen bei fehlender beruflicher Perspektive, die sich auch auf deren Einkommen auswirken dürfte, eine Elternschaft als alternative im Lebenslauf zur Verfügung steht.

In eine solche Richtung deutet für die Männer ebenfalls ein Vergleich zwischen denjenigen die mit ihrer finanziellen Lage zufrieden sind (MZ) und jenen die diese als schlecht einschätzen (MU = Referenz). Der Schätzer zeigt, dass für die Männer eine gute Bewertung ihrer finanzielle Lage tatsächlich ein wichtiges Kriterium eine ersten Elternschaft früher umsetzen zu wollen ist, denn der Schätzer der zufriedenen Männer ist hier negativ. Im Vergleich zur Referenzgruppe haben sie sogar eine ca. 58% höhere Chance einer niedrigen Antwortkategorie der abhängigen Variable (und damit einer Elternschaft in den kommenden zwei bis vier Jahren) zuzustimmen (vgl. Odds-Ratio Tabelle 52).

Auf der anderen Seite verdeutlichen die Schätzer der Tabelle 52 scheinbar auch, dass sich bei guter Bewertung der finanziellen Lage die Effekte für Männer und Frauen auf den ersten Blick nicht unterscheiden. So sind die die Schätzer für Männer und Frauen in etwa gleich groß (-0,857 für die Männer und -0,892 für die Frauen). Allerdings gilt es hier die Referenzkategorie zu beachten. Würde man zufriedene Frauen mit unzufriedenen Frauen vergleichen wollen, müsste man deren Schätzer zueinander in Bezug setzen (-1,279 und -0,892). Bei unzufriedenen Frauen als Referenz würde sich in diesem Fall ein positiver Schätzer für die zufriedenen Frauen ergeben. Im Vergleich zu den mit ihrer finanziellen Lage unzufriedenen Frauen stimmen mit ihrer finanziellen Lage zufriedene Frauen also eher zu eine Elternschaft 'später' umsetzen zu wollen. Der Effekt ist also genau umgekehrt zu dem, was in der Hypothese formuliert wurde. Er widerspricht damit auch der von

Brose (2008) in ihren Analysen gefundenen Bedeutung finanzieller Absicherung als Voraussetzung für eine Elternschaftsentscheidung (Brose 2008: 48-49). Erklärt werden könnte dieses Ergebnis dadurch, dass bei den Frauen die ihre finanzielle Lage als besser bewerten, die Erwerbsintegration größer sein könnte. Dies würde dann im Falle einer Elternschaft zu möglichen höheren Opportunitätskosten führen, da sie mit einer Elternschaft zumindest zeitweise aus dem Beruf ausscheiden würden (vgl. Burkart 1994: 250; Borchardt & Stöbel-Richter 2004: 50-51). Allerdings sollte hier der Partnerschaftskontext berücksichtigt werden. Denn eine positive Bewertung der eigenen finanziellen Lage mag auch auf Unterstützungsleistungen durch den Partner (also dessen einbezogenes Einkommen) zurückgehen. Eine abschließende Überprüfung auf Signifikanz des Unterschieds der Koeffizienten der beiden Gruppen (FU & FZ) deckt jedoch auf, dass der gefundene Zusammenhang nicht gegen den Zufall abgesichert werden kann (vgl. Tabelle 53 Anhang).

Wegen der Richtung des Effektes bei den Frauen, auch im Vergleich zur Referenzkategorie (MU), und der fehlenden Signifikanz des Effekts wird damit der zweite Teil der Hypothese eindeutig widerlegt.

5.5 Zeitempfinden und Timing der Elternschaft

Wie in den Erläuterungen zur Zusatzbefragung dargestellt wurde, bildet die Zeit den Rahmen unseres Handelns und beeinflusst über das Zeitempfinden unsere Zukunftsorientierungen (vgl. Albert 2003: 24). Davon müssten auch die Entscheidungen zur Elternschaft betroffen sein, bei denen zu vermuten ist, dass z.B. ein lineares Zeitempfinden die Planung einer Elternschaft besser ermöglicht, als z.B. ein fragmentiertes, oder ein zyklisches Zeitempfinden (vgl. 3.2.2). Der mögliche Zusammenhang zwischen dem Zeitempfinden und der intendierten Elternschaft soll nun empirisch überprüft werden. So lautet die vierte Hypothese:

H4: Das intendierte Alter der ersten Elternschaft ist abhängig vom Zeitbewusstsein einer Person.

Zur Analyse des Einflusses des Zeitempfindens auf das intendierte Timing der Elternschaft der Studierenden wird eine Überlebensanalyse mittels des Kaplan-Meier-Testes durchgeführt, da dieser sich für kleine Fallzahlen am besten eignet (vgl. Bühl & Zöfel 2002: 559). Dazu wird das von den Studierenden angegebene Alter indem sie sich ein Kind wünschen (***v32a***) würden, als (fiktives) Alter der befragten Person bei Geburt des ersten Kindes angenommen. Um alle Personen mit fehlenden Werten als zensierte Fälle zu berücksichtigen, wird die Variable v32a in die neue Variable ***Intk*** umcodiert (vgl. Syn.16 Anhang II). Zuletzt wird eine Statusvariable gebildet, die angibt, ob ein (intendiertes) Ereignis stattgefunden hat oder nicht (vgl. Syn.17 Anhang II).

		Total	**Anzahl Events**	**Anzahl Zensiert**	**Prozent Zensiert**
V28	Kreis	93	44	49	52,69
V28	gebr. Linie	53	30	23	43,40
V28	Kringel	92	48	44	47,83
V28	Linie	101	55	46	45,54
	Gesamt	339	177	162	47,79

In die Untersuchung werden 339 Fälle mit einbezogen. Davon sind allerdings 162 Fälle zensiert. Mit nur 177 unzensierten Fällen aufgeteilt auf vier Gruppen ist die

Fallzahl leider recht gering. Wie die Überlebensfunktion zeigt, würden dementsprechend nicht alle befragten Studierenden bis zum gewählten Zensierungszeitpunkt (40 Jahre; siehe Syn.15 Anhang II) eine Elternschaft vollzogen haben (vgl. Abb.22). Ca. 46% der Studierenden würde bis zum Zensierungszeitpunkt kinderlos bleiben.

Teilt man nun die Überlebensfunktion nach Gruppen entsprechend dem Zeitempfinden auf, ist zu erkennen, dass die einzelnen Überlebensfunktionen der betrachteten Gruppen annähernd parallel verlaufen (vgl. Abb.23). Erst ab einem höheren Alter sind leichte Unterschiede zwischen den Gruppen zu erkennen. So gibt es bei den zyklischen Zeitempfinden (Kreis & Kringel) deutlich mehr zensierte Fälle, die eine Elternschaft nicht umgesetzt hätten, als bei den linearen (Linie & gebr. Linie). Dies könnte ein möglicher Hinweis darauf sein, dass die linearen Zeitempfinden im Vergleich zu den zyklischen eine Zukunftsplanung der Elternschaft erleichtern. Doch der mehrheitlich parallele Verlauf der Überlebensfunktionen ist andererseits ein Hinweis darauf, dass das intendierte Timing der Elternschaft nicht vom Zeitempfinden einer Person beeinflusst wird.

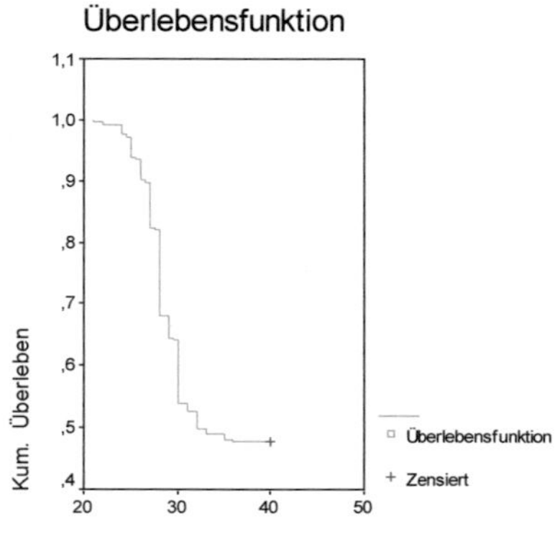

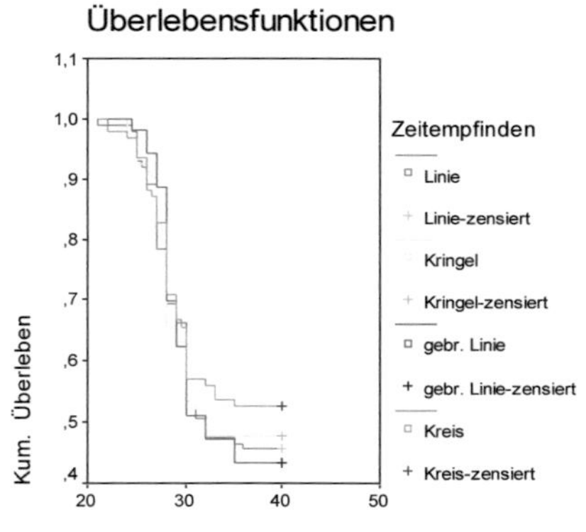

Abb.22 (links): Überlebensfunktion der Variable *Intk*
Abb.23 (rechts): Überlebensfunktion der Variable *Intk* aufgeteilt nach *Zeitempfinden* (v28)

Um dies zu überprüfen werden die Ergebnisse des Log-Rank-Tests und des Breslow-Tests betrachtet:

Test Statistik zur Äquivalenz der Überlebensfunktionen von V28		
Statistik	df	Signifikanz
Log Rank	3	,8245
Breslow	3	,8999

Beide Tests sind nicht signifikant und bestätigen daher die zweite Vermutung. Die Verläufe der Überlebensfunktionen unterscheiden sich zwischen den Gruppen nicht. Folglich muss die Nullhypothese angenommen und die ursprüngliche Hypothese abgelehnt werden. Ein zunächst enttäuschendes Ergebnis, dass jedoch auf die geringen Fallzahlen an Ereignissen zurückgeführt werden könnte. Ein Problem, welches bereits in der univariaten Analyse auftauchte (vgl. 4.7). Es wäre daher empfehlenswert die Untersuchung mit einer größeren Stichprobe zu wiederholen, um die Ergebnisse noch einmal zu überprüfen.

Dennoch erscheint auch dieses Ergebnis vor dem Hintergrund der gerade jungen Stichprobe verständlich. Für die hier betrachteten Studierenden könnte die Familiengründung noch zu stark ein Aspekt der Zukunft sein, der zwar allgemein gewünscht wird und über dessen Zeitpunkt eine relative Vorstellung besteht (bei der Mehrheit im Alter von 28 bis 30 Jahren; vgl. Tabelle 24 Anhang), aber über den sich weiter noch keine konkreteren Gedanken gemacht wurden. Die relative Vorstellung über den Zeitpunkt der Umsetzung einer ersten Elternschaft könnte sich dabei unabhängig von ihrem Zeitbewusstsein unbewusst aus der mittlerweile vorherrschenden Verhaltensweisen in der Gesellschaft (d.h. dem Durchschnittsalter von 29 Jahren bei Geburt des ersten Kindes) ergeben und so zu den hier vorliegenden Ergebnisse geführt haben. Ob diese Vermutung zutrifft ließe sich doch ebenfalls nur durch weitere Forschungen klären.

6. Die Bedeutung der finanziellen Ressourcen: Ein Fazit zu den Ergebnissen der Forschungsarbeit

Das Ziel der Forschungsarbeit war die Beantwortung der Frage, ob sich der Kinderwunsch und das intendierte Timing der ersten Elternschaft über vorhandene finanzielle Ressourcen und deren Bewertung vorhersagen lassen. Dabei sollte auch geklärt werden wie diese den Kinderwunsch beeinflussen (vgl. 2.). Bei der Beantwortung dieser Fragestellung mittels der Überprüfung der dargestellten Hypothesen, haben sich einige interessante Ergebnisse aufgetan, deren Bedeutung nun noch einmal kurz in einem Fazit zusammengefasst und diskutiert werden:

Festgehalten werden kann zunächst, dass der reine Kinderwunsch und das intendierte Timing der Elternschaft auf den ersten Blick von teils verschiedenen Faktoren abhängen. Während die Frage nach dem reinen Kinderwunsch (Ja vs. Nein) vom Alter, dem Geschlecht, der Bildung und der Einstellung zu Kindern als Nutzen abhängt (vgl. 5.1), entscheidet sich das Timing der ersten Elternschaft, wie es sich anhand der Variablen ***Finbew***, ***Eink***, sowie der Interaktionsvariable ***Sex*Finbew*** gezeigt hat, zusätzlich auf der Basis von Ressourcenabwägungen (vgl. 5.4).

Dass der Kinderwunsch (Ja vs. Nein) dabei nicht wie angenommen direkt von den vorhandenen finanziellen Ressourcen und deren Bewertung beeinflusst wird, könnte dadurch erklärt werden, dass der reine Kinderwunsch, obwohl er eine notwendige Vorentscheidung einer Elternschaft ist, noch nichts über dessen konkrete Umsetzung aussagt[58] und keine direkten Festlegungen, oder spürbarer Konsequenzen für den Akteur verursachen muss. Der Kinderwunsch wäre hier demnach eher als eine Frage der Einstellung - ob Kinder generell irgendwann mal gewünscht werden – zu verstehen, dem weitere konkrete Entscheidungen für eine Elternschaft folgen müssen. Der deutliche Effekt der Einstellung zu Kindern als Nutzen (f910c), der sich in der ersten Hypothesenüberprüfung gezeigt hat, unterstreicht diese Annahme (vgl. 5.1). Es muss allerdings beachtet werden, dass sich daneben Hinweise ergeben haben, dass die Einstellung einer Person zu Kindern

[58] In diese Richtung deutet, dass in Deutschland trotz der abnehmenden Fertilitätsrate das Ausmaß an tatsächlich gewünschter Kinderlosigkeit gering ist (Huinink 2001: 147).

auf der anderen Seite von der finanziellen Lage einer Person beeinflusst wird (allerdings nur recht schwach; vgl. 4.5). Damit ergeben sich indirekte Effekte der finanziellen Lage einer Person auf ihren Kinderwunsch (vgl. 4.5 & 5.2). Da ein direkter Einfluss der finanziellen Lage auf den Kinderwunsch bei Berücksichtigung der Einstellung zu Kindern zudem verschwindet, wäre dies ein Hinweis auf einen möglichen Mechanismus, über den die finanziellen Ressourcen das Fertilitätsverhalten der Menschen beeinflussen, gegeben.

Interessant ist an diesem Punkt zudem, dass die finanzielle Lage einer Person ihre Einstellung zu Kindern in einer Weise betrifft, die den bisherigen Annahmen zum Effekt finanzieller Ressourcen entsprechen und den benannten scheinbaren Widerspruch erneut darstellen (vgl. 2.): ein höheres Einkommen bzw. auf der anderen Seite eine schlechte Bewertung der eigenen finanziellen Lage, führt dazu, dass Kinder eher als Kostenfaktor angesehen werden (vgl. 4.5). Auch die Zustimmung zur Aussage 'Kinder im Haushalt zu haben und aufwachsen zu sehen macht Spaß' (910b) unterscheidet sich je nach finanzieller Lage einer Person - und wird von diesen negativ beeinflusst (vgl. 4.5). Dabei ist zu beachten, dass sich mit der Zunahme der Einstellung zu Kindern als Kostenfaktor bzw. mit der Abnahme der Einstellung zu Kindern als Nutzenfaktor die Chancen eines Kinderwunsches zudem verringern (vgl. 5.1 & 5.2). Nach den Ergebnissen lassen sich damit negative indirekte Effekte wachsender finanzieller Ressourcen und einer schlechten Bewertung der finanziellen Lage auf den Kinderwunsch annehmen, die jedoch empirisch in einem gemeinsamen Modell noch nachgewiesen werden müssten. Ein vorläufiges Ergebnis, das den bisherigen Befunden jedoch entspricht (vgl. 1. & 2.).

Da der Kinderwunsch in den vorliegenden Daten noch vielfach vorhanden ist (vgl. 4.1), reicht er alleine nicht aus, um die Veränderung der Fertilitätsrate in Deutschland erklären zu können. Deren Ursachen sind im Rahmen der zeitlichen Umsetzung einer Elternschaft selbst zu suchen[59]. An diesem Punkt kommt nun das zweites Ergebnis, die Überprüfung der Abhängigkeiten des intendierten Timings der Elternschaft, zum tragen. Im Gegensatz zum Kinderwunsch geht es diesmal um die Intention der konkreteren Umsetzung eines Verhaltens, was eine gewisse

---

[59] Dies zeigen auch neuere Untersuchungen von Schröder, in denen dieser zeigt, dass ungünstige Lebensereignisse zum wiederkehrenden Aufschieben der Elternschaft und so schlussendlich zur Kinderlosigkeit führt (vgl. Schröder 2007).

Festlegung des Akteurs bedeuten könnte. Dementsprechend ist hier – wie erwartet - eine Abhängigkeit der Timingintention von finanziellen Ressourcen zu gewissen Teilen nachweisbar (vgl. 5.4). Damit wird die Rolle bzw. die Wahrnehmung finanzieller Ressourcen als ein Entscheidungskriterium bestätigt (z.B. als Absicherung gegen ökonomische oder biographische Unsicherheiten - vgl. 2.2.4). So konnte die zweite Hypothesenüberprüfung zeigen, dass mit höherem Einkommen die Zustimmung eine Elternschaft früher (d.h. innerhalb der nächsten 2 Jahre) umzusetzen zunimmt (vgl. 5.3). Dieser Effekt erwies sich jedoch nur noch als tendenziell signifikant für einige Einkommensgruppen, wenn die Bewertung der eigenen finanziellen Lage im Kombination mit den Geschlechtern kontrolliert wird (vgl. 5.4).

Was die Bewertung der finanziellen Lage angeht, ließen sich in diesem Kontext z.T. signifikante Einflüsse auf die Timingintention der ersten Elternschaft feststellen. Diese unterschieden sich dabei in ihrer Stärke je nach dem Geschlecht einer Person (vgl. 5.4). Im Vergleich zur Referenzkategorie (Männer die ihr finanzielle Lage als schlecht bewerteten) würden Frauen in gleicher Lage eher zustimmen eine erste Elternschaft früher umsetzen zu wollen. Auf der anderen Seite verdeutlichen die Schätzer zudem, dass sich bei guter Bewertung der finanziellen Lage die Effekte für Männer und Frauen unterscheiden (vgl. 5.4). Männer würden einer früheren Umsetzung einer ersten Elternschaft bei besserer Bewertung ihrer finanziellen Lage eher zustimmen. Eine benannte Ursache könnte hier das noch vielfach gelebte Rollenverständnis vieler Männer sein (das des männlichen Ernährers), die erst nach erfolgreicher Etablierung am Arbeitsmarkt eine Elternschaft anstreben und bei schlechter finanzieller Lage diese zunächst aufschieben (Kühn 2005: 130-131, 136-137). Auf der anderen Seite würden Frauen bei besserer Bewertung der finanziellen Lage eine erste Elternschaft eher auf 'später' verschieben. Die mag auf die höheren Opportunitätskosten die auf Frauen mit einer Elternschaft zu schultern haben (Brose 2008: 32), zurückgehen. Allerdings hat sich dieser Effekt für die Frauen als nicht signifikant erwiesen.

Im Bezug auf die Fragestellung lässt sich daher festhalten, dass sich über die vorhandenen finanziellen Ressourcen und deren Bewertung das intendierte Timing der ersten Elternschaft tatsächlich vorhersagen lässt - jedoch nur zu einem begrenzten Teil. Gehen wir weiter davon aus, dass die gewachsene biographische Unsicherheit ein bedeutender Erklärungsfaktor für die Abnahme der Fertilitätsrate in Deutschland ist - wie es im theoretischen Hintergrund der Arbeit angenommen wurde -, so lassen die in der Untersuchung gefundenen Ergebnisse es damit fraglich erscheinen, ob die bisherige Annahme, dass vor allem die finanziellen Ressourcen ein Mittel zur Reduzierung biographischer Unsicherheiten und damit zur Erklärung des heutigen Fertilitätsverhalten der Menschen in Deutschland darstellen, zutreffend war. Die Analysen der Hypothesen haben stattdessen bestätigt, was auch bereits theoretisch in der Arbeit z.T. dargelegt wurde (vgl. 2.4): nämlich, dass die Intention der Umsetzung einer Elternschaft letztendlich von mehreren unterschiedlichen individuellen Faktoren jeweils unterschiedlich stark beeinflusst wird (vgl. 5.4). Diese können eine Elternschaft fördern, oder für deren Aufschub sorgen. Besonders die Kombination verschiedener Merkmale scheint dabei von Bedeutung, wie auch an der Bedeutung der Bewertung der finanziellen Lage je nach Geschlecht ersichtlich wurde. Anders als angenommen, spielen dabei die Ressourcen jedoch nur eine untergeordnete Rolle (vgl. 4.5; 5.1 & 5.4). So sind die gefundenen Effekte als eher schwach einzustufen.

Stattdessen hat sich gezeigt, dass z.B. die Lebensumstände, welche die Partnerschaft betreffen (hier die Lebensform), als wichtige Elemente biographischer Sicherheit im Bezug auf die Timingintention der ersten Elternschaft zu berücksichtigen sind. Je stärker institutionalisiert dabei die Lebensform eines Paares ist, umso eher streben sie eine Elternschaft an (vgl. 5.4). Ein Grund dafür könnte die Beziehungssicherheit sein, die mit der Institutionalisierung der Beziehung zunimmt. Denn je weniger festgeschrieben eine Partnerschaft auf der anderen Seite ist, umso einfacher (mit geringeren Kosten) lässt sich diese wieder auflösen. Mit einer Ehe steigt die Verlässlichkeit, dass beide Partner auch weiterhin in der Familie leben und sich um diese kümmern (was biographische Unsicherheiten wiederum reduzieren dürfte). Die Institutionalisierung der Partnerschaft scheint daher ein wichtiger Schritt im Übergang zu einer ersten Elternschaft zu sein. Nicht verwunderlich ist daher die Tatsache, dass trotz einer zunehmenden Zahl nicht-ehelicher Geburten, in den meisten Fällen in denen eine Elternschaft geplant wird, oder diese ansteht, immer noch geheiratet wird (Huinink & Konietzka 2007: 90).

Auch das Alter hat sich, wie erwartet, als ein bedeutender Einflussfaktor erwiesen (vg. 5.1 & 5.4). Gerade jüngere Altersgruppen, die in der vorliegenden Stichprobe stärker vertreten sind (vgl. Abb.5), haben häufig noch keine Vorstellung über die Umsetzung einer Elternschaft. Sie sind noch zu sehr mit „der Sicherung der beruflichen Perspektiven" beschäftigt (Huinink 2001: 157). Entsprechend neigen die 18-33 Jährigen in der Analyse dazu eine Elternschaft auf 'später' aufzuschieben (vgl. 5.4).

Das Geschlecht und die Bildung einer befragten Person sind ebenfalls für die Vorhersage des intendierten Timings der ersten Elternschaft von Bedeutung. Z.B. stimmen Männer eher zu, eine Elternschaft „später" vorzunehmen (vgl. 5.4), obwohl sie im Gegensatz zu Frauen tendenziell eine leicht höhere Wahrscheinlichkeit haben, dass sie sich Kinder wünschen (vgl. 5.1). Dies könnte damit zusammenhängen, dass die Männer zum einen häufiger als Frauen negative Folgen mit Kindern verbinden und dementsprechend erst nach erfolgreicher Etablierung am Arbeitsmarkt eine Elternschaft anstreben[60] (vgl. Hank & Tölke 2005: 10). Zum anderen darauf zurückgehen, dass für die Frauen die berufliche Entwicklung in ihrem Stellenwert zugenommen hat, ihre Lebensläufe dadurch heterogener geworden sind (Peuckert 2008: 238, 244-245) und in der Folge eine erste Elternschaft bis nach der beruflichen Entfaltung/Etablierung aufgeschoben wird[61].

Für die Bildung kann festgehalten werden, dass trotz steigender Wahrscheinlichkeit des Kinderwunsches bei höherer Bildung, die Elternschaft ebenfalls eher auf 'später' verschoben wird. Ein Zusammenhang, der einerseits auf die langen Ausbildungszeiten, an deren Ende erst die beruflichen Perspektiven gesichert werden müssen (vgl. Huinink 2001: 157), zurückgeführt werden könnte. Andererseits steigen vor allem bei höherem Ausbildungsniveau besonders für Frauen zunächst die Opportunitätskosten einer Familiengründung – wurde schließlich Zeit und Geld in

---

[60] Dies bestätigen auch die Forschungen des Rostocker Zentrums für Demographischen Wandel (vgl. http://www.zdwa.de/zdwa/artikel/20050915_30329416W3DnavidW269.php; 26.01.10).

[61] Dafür sprechen auch Forschungsergebnisse von Brose nach denen auch für die Frauen die Etablierung am Arbeitsmarkt wichtige Voraussetzung einer Elternschaft geworden ist (vgl. Brose 2008: 48-49).

eine lange Ausbildung investiert und gehen die dadurch möglichen höheren Einkommen und „beruflichen Entfaltungsmöglichkeiten" in Teilen verloren (vgl. Burkart 1994: 250).

Alle bisher genannten Einflussfaktoren müssen in ihren Effekten jedoch nicht über die Zeit hinweg stabil sein. Vorstellbar wäre, dass die einzelnen Faktoren in ihrem Einfluss und ihrer Bedeutung über das Alter einer Person hinweg variieren. So könnte der Bildungseffekt (ähnlich dem hier gefundenen) bei jüngeren Befragten zunächst den Aufschub einer Elternschaft bewirken, bei älteren Befragten (nach Abschluss der Ausbildungsphase) wiederum für einen schnelles Nachholen einer Elternschaft sorgen, aufgrund günstiger Lebenslagen (dies wäre eine Erklärung dafür, dass der Kinderwunsch mit der Bildung einer Person in den Analysen zunimmt; vgl. 5.1). Ein Aspekt der jedoch weiter untersucht werden müsste.

Er zeigt jedoch, zusammen mit der Vielschichtigkeit der Einflussfaktoren, dass die Analyse der Entscheidungen zur Elternschaft eine recht komplexe Aufgabe ist, die die eine große Herausforderung darstellt (Huinink 2001: 164). Es hat sich dementsprechend bewährt ein relativ umfassendes aber dennoch einfaches Modell zur Erklärung der Intentionen der Familiengründung zu verwenden. Das dabei nach der *Theorie geplanten Verhaltens* aufgestellte Modell konnte im Falle des Kinderwunsches eine Varianzaufklärung von ca. 52% bzw. im Fall des intendierten Timings der ersten Elternschaft eine Aufklärung der Varianz von ca. 38% erzielen (vgl. 5.1 & 5.3). Damit scheint es auf den ersten Blick recht gut geeignet zu sein das Fertilitätsverhalten der Menschen zu betrachten.

Anhang

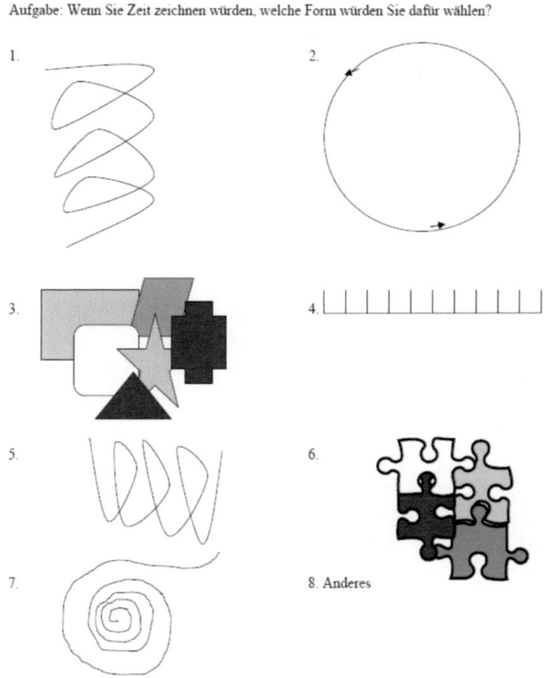

Abb.2: Abbildungen zur Erhebung des Zeitempfindens nach Schilling (2005)

Abb.3: Abbildungen zur Erhebung des Zeitempfindens der Studierenden

[258] Und wie ist es zukünftig? Möchten Sie Kinder? * [5>] Befragung findest statt in (ABL/NBL) Kreuztabelle

			[5>] Befragung findest statt in (ABL/NBL)		
			alten Bundesländer (inkl. Berlin/West)	neuen Bundesländer (ink.l Berlin/Ost)	Gesamt
[258] Und wie ist es zukünftig? Möchten Sie Kinder?	Ja	Anzahl	700	153	853
		% innerhalb von [5>] Befragung findest statt in (ABL/NBL)	62,6%	74,6%	64,5%
	Nein	Anzahl	210	25	235
		% innerhalb von [5>] Befragung findest statt in (ABL/NBL)	18,8%	12,2%	17,8%
	Weiß nicht	Anzahl	208	27	235
		% innerhalb von [5>] Befragung findest statt in (ABL/NBL)	18,6%	13,2%	17,8%
Gesamt		Anzahl	1118	205	1323
		% innerhalb von [5>] Befragung findest statt in (ABL/NBL)	100,0%	100,0%	100,0%

Tabelle 6: Kreuztabelle der Items f51 & f258b

Chi-Quadrat-Tests

	Wert	df	Asymptotische Signifikanz (2-seitig)
Chi-Quadrat nach Pearson	10,997[a]	2	,004
Likelihood-Quotient	11,512	2	,003
Zusammenhang linear-mit-linear	5,024	1	,025
Anzahl der gültigen Fälle	1323		

a. 0 Zellen (,0%) haben eine erwartete Häufigkeit kleiner 5. Die minimale erwartete Häufigkeit ist 36,41.

Tabelle 7: Chi²-Test der Items f51 & f258b

Chi-Quadrat-Tests

	Wert	df	Asymptotische Signifikanz (2-seitig)
Chi-Quadrat nach Pearson	372,764[a]	4	,000
Likelihood-Quotient	338,158	4	,000
Zusammenhang linear-mit-linear	297,456	1	,000
Anzahl der gültigen Fälle	1088		

a. 0 Zellen (,0%) haben eine erwartete Häufigkeit kleiner 5. Die minimale erwartete Häufigkeit ist 29,38.

Tabelle 8: Chi²-Test der Variable Alter & des Items f258d

[258] Und wie ist es zukünftig? Möchten Sie Kinder? * Alter in 5 Gruppen Kreuztabelle

			Alter in 5 Gruppen					
			18-22	23-27	28-32	33-37	38-42	Gesamt
[258] Und wie ist es zukünftig? Möchten Sie Kinder?	Ja	Anzahl	263	281	183	96	30	853
		% innerhalb von Alter in 5 Gruppen	93,3%	95,3%	83,9%	61,1%	22,1%	78,4%
	Nein	Anzahl	19	14	35	61	106	235
		% innerhalb von Alter in 5 Gruppen	6,7%	4,7%	16,1%	38,9%	77,9%	21,6%
Gesamt		Anzahl	282	295	218	157	136	1088
		% innerhalb von Alter in 5 Gruppen	100,0%	100,0%	100,0%	100,0%	100,0%	100,0%

Tabelle 9: Kreuztabelle der Variable Alter & des Items f258d

[259] Wann moechten Sie das e r s t e Kind? * [5>] Befragung findest statt in (ABL/NBL) Kreuztabelle

			[5>] Befragung findest statt in (ABL/NBL)		
			alten Bundesländer (inkl. Berlin/West)	neuen Bundesländer (inkl. Berlin/Ost)	Gesamt
[259] Wann moechten Sie das e r s t e Kind?	innerhalb der naechsten 2 Jahre	Anzahl	199	45	244
		% innerhalb von [5>] Befragung findest statt in (ABL/NBL)	33,4%	34,1%	33,5%
	innerhalb der naechsten 4 Jahre	Anzahl	185	51	236
		% innerhalb von [5>] Befragung findest statt in (ABL/NBL)	31,0%	38,6%	32,4%
	spaeter	Anzahl	212	36	248
		% innerhalb von [5>] Befragung findest statt in (ABL/NBL)	35,6%	27,3%	34,1%
Gesamt		Anzahl	596	132	728
		% innerhalb von [5>] Befragung findest statt in (ABL/NBL)	100,0%	100,0%	100,0%

Tabelle 11: Kreuztabelle der Items f51 & f258d

Chi-Quadrat-Tests

	Wert	df	Asymptotische Signifikanz (2-seitig)
Chi-Quadrat nach Pearson	4,124[a]	2	,127
Likelihood-Quotient	4,163	2	,125
Zusammenhang linear-mit-linear	1,293	1	,255
Anzahl der gültigen Fälle	728		

a. 0 Zellen (,0%) haben eine erwartete Häufigkeit kleiner 5. Die minimale erwartete Häufigkeit ist 42,79.

Tabelle 12: Chi²-Test der Items f51 & f258d

Korrelationen

			Alter in 5 Gruppen	Pro-Kopf-Einkommen gruppiert
Spearman-Rho	Alter in 5 Gruppen	Korrelationskoeffizient	1,000	,436**
		Sig. (2-seitig)	.	,000
		N	1331	1102
	Pro-Kopf-Einkommen gruppiert	Korrelationskoeffizient	,436**	1,000
		Sig. (2-seitig)	,000	.
		N	1102	1102

**. Die Korrelation ist auf dem 0,01 Niveau signifikant (zweiseitig).

Tabelle 14: Korrelation nach Spearman der Variablen *Alter* und & *Eink*

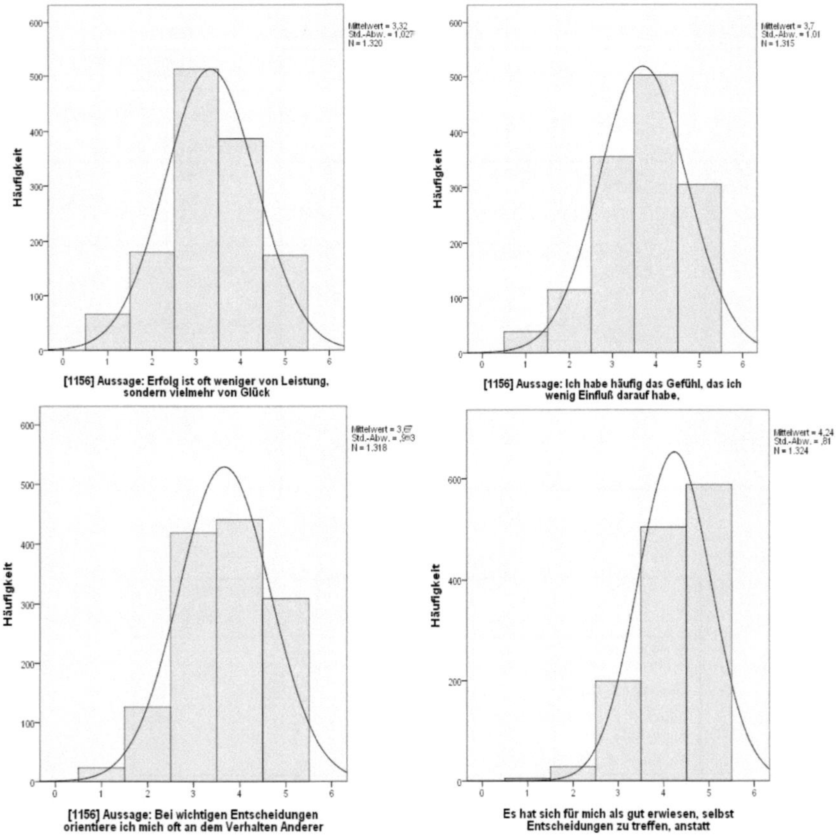

Abb.9-12: Histogramm mit Normalverteilungskurve der Items f1156d-f & des Items f1156br

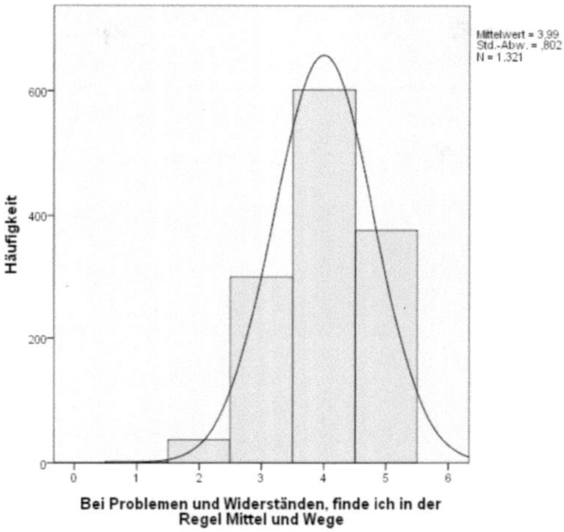

Abb.13: Histogramm mit Normalverteilungskurve des Items f1156c

Korrelationen

		[910c] K. im HH zu haben und aufwachsen zu sehen macht Spaß	[910] Aussage (Kinder): K. sind eine finanz. Belastung
[910c] K. im HH zu haben und aufwachsen zu sehen macht Spaß	Korrelation nach Pearson	1	-,139**
	Signifikanz (2-seitig)		,000
	N	1226	1217
[910] Aussage (Kinder): K. sind eine finanz. Belastung	Korrelation nach Pearson	-,139**	1
	Signifikanz (2-seitig)	,000	
	N	1217	1294

**. Die Korrelation ist auf dem Niveau von 0,01 (2-seitig) signifikant.

Tabelle 17: Korrelation nach Pearson der Items f910b und f910c

Häufigkeit Kirchenbesuch

		Häufigkeit	Prozent	Gültige Prozente	Kumulierte Prozente
Gültig	Nie	238	17,9	24,3	24,3
	Seltener	392	29,5	40,0	64,4
	Mehrmals im Jahr	223	16,8	22,8	87,1
	Ein- bis dreimal im Monat	70	5,3	7,2	94,3
	einmal in der Woche	49	3,7	5,0	99,3
	mehrmals die Woche	7	,5	,7	100,0
	Gesamt	979	73,6	100,0	
Fehlend	KA	8	,6		
	System	344	25,8		
	Gesamt	352	26,4		
Gesamt		1331	100,0		

Tabelle 19: Häufigkeit des Kirchenbesuches nach Häufigkeiten und Prozent der befragten Personen

Häufigkeit Kirchenbesuch

		Häufigkeit	Prozent	Gültige Prozente	Kumulierte Prozente
Gültig	Nie	238	17,9	24,3	24,3
	Seltener	392	29,5	40,0	64,4
	Mehrmals im Jahr	223	16,8	22,8	87,1
	Ein- bis dreimal im Monat	70	5,3	7,2	94,3
	Ein bis mehrm. die Woche	56	4,2	5,7	100,0
	Gesamt	979	73,6	100,0	
Fehlend	System	352	26,4		
Gesamt		1331	100,0		

Tabelle 20: Variable *Kirche* nach Häufigkeiten und Prozent der befragten Personen

Geschlecht

		Häufigkeit	Prozent	Gültige Prozente	Kumulierte Prozente
Gültig	weiblich	206	58,0	58,4	58,4
	männlich	147	41,4	41,6	100,0
	Gesamt	353	99,4	100,0	
Fehlend	System	2	,6		
Gesamt		355	100,0		

Tabelle 21: Geschlecht nach Häufigkeiten & Prozent der befragten Studierenden

Geburtsjahr

		Häufigkeit	Prozent	Gültige Prozente	Kumulierte Prozente
Gültig	1975	1	,3	,3	,3
	1976	1	,3	,3	,5
	1978	3	,8	,8	1,3
	1979	3	,8	,8	2,1
	1980	7	1,8	1,8	3,9
	1981	3	,8	,8	4,6
	1982	11	2,8	2,8	7,5
	1983	24	6,1	6,2	13,7
	1984	34	8,7	8,8	22,4
	1985	45	11,5	11,6	34,0
	1986	94	24,0	24,2	58,2
	1987	104	26,5	26,8	85,1
	1988	56	14,3	14,4	99,5
	1989	2	,5	,5	100,0
	Gesamt	388	99,0	100,0	
Fehlend	System	4	1,0		
Gesamt		392	100,0		

Tabelle 22: Geburtsjahr nach Häufigkeiten und Prozent der befragten Studierenden

Intendiertes Alter bei Geburt

		Häufigkeit	Prozent	Gültige Prozente	Kumulierte Prozente
Gültig	21,00	1	,3	,5	,5
	22,00	2	,6	1,1	1,6
	24,00	5	1,4	2,7	4,3
	24,50	2	,6	1,1	5,4
	25,00	12	3,4	6,5	11,8
	25,50	1	,3	,5	12,4
	26,00	12	3,4	6,5	18,8
	26,50	2	,6	1,1	19,9
	27,00	26	7,3	14,0	33,9
	27,50	1	,3	,5	34,4
	28,00	49	13,8	26,3	60,8
	29,00	13	3,7	7,0	67,7
	29,50	1	,3	,5	68,3
	30,00	37	10,4	19,9	88,2
	31,00	4	1,1	2,2	90,3
	32,00	10	2,8	5,4	95,7
	33,00	3	,8	1,6	97,3
	35,00	4	1,1	2,2	99,5
	36,00	1	,3	,5	100,0
	Gesamt	186	52,4	100,0	
Fehlend	40,00	169	47,6		
Gesamt		355	100,0		

Tabelle 24: Intendiertes Alter bei Geburt des ersten Kindes nach Häufigkeiten & Prozent der befragten Studierenden

ELTSTUD * Hauptfach Kreuztabelle

			Hauptfach			Gesamt
			BWL	Jura	Soziologie	
ELTSTUD	21-25	Anzahl	12	2	9	23
		% von Hauptfach	15,8%	3,9%	15,3%	12,4%
	26-30	Anzahl	55	41	45	141
		% von Hauptfach	72,4%	80,4%	76,3%	75,8%
	31-36	Anzahl	9	8	5	22
		% von Hauptfach	11,8%	15,7%	8,5%	11,8%
Gesamt		Anzahl	76	51	59	186
		% von Hauptfach	100,0%	100,0%	100,0%	100,0%

Tabelle 25: Kreuztabelle der Variablen Eltstud & Hauptfach

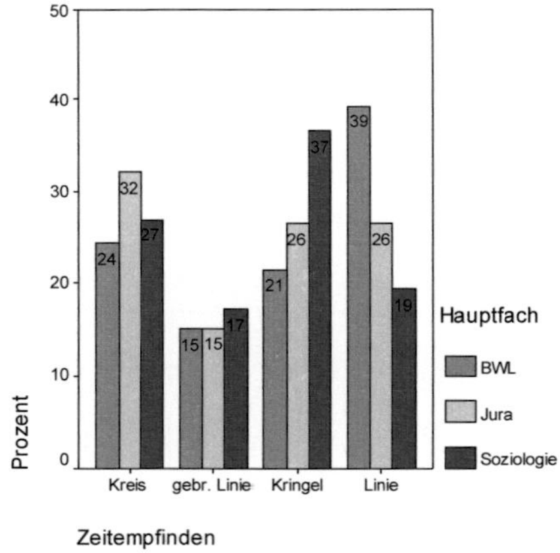

Abb.20: Balkendiagramm des Items v28 aufgeteilt nach Hauptfach in Prozent

Zeitempfinden * Hauptfach Kreuztabelle

			Hauptfach			Gesamt
			BWL	Jura	Soziologie	
Zeitempfinden	Kreis	Anzahl	34	34	25	93
		% von Hauptfach	24,3%	32,1%	26,9%	27,4%
	gebr. Linie	Anzahl	21	16	16	53
		% von Hauptfach	15,0%	15,1%	17,2%	15,6%
	Kringel	Anzahl	30	28	34	92
		% von Hauptfach	21,4%	26,4%	36,6%	27,1%
	Linie	Anzahl	55	28	18	101
		% von Hauptfach	39,3%	26,4%	19,4%	29,8%
Gesamt		Anzahl	140	106	93	339
		% von Hauptfach	100,0%	100,0%	100,0%	100,0%

Tabelle 26: Kreuztabelle des Items v28 & der Variable Hauptfach

Chi-Quadrat-Tests

	Wert	df	Asymptotische Signifikanz (2-seitig)
Chi-Quadrat nach Pearson	14,336[a]	6	,026
Likelihood-Quotient	14,253	6	,027
Anzahl der gültigen Fälle	339		

a. 0 Zellen (,0%) haben eine erwartete Häufigkeit kleiner 5. Die minimale erwartete Häufigkeit ist 14,54.

Tabelle 27: Chi²-Test der Variablen v28 & Hauptfach

Codierung abhängiger Variablen

Ursprünglicher Wert	Interner Wert
Ja	0
Nein	1

Tabelle 28: Codierung der abhängigen Variable Kinderwunsch

Codierungen kategorialer Variablen

		Häufigkeit	Parametercodierung				
			(1)	(2)	(3)	(4)	(5)
Pro-Kopf-Einkommen gruppiert	bis 1000 DM	72	,000	,000	,000	,000	,000
	1001 bis 1500 DM	122	1,000	,000	,000	,000	,000
	1501 bis 2000 DM	174	,000	1,000	,000	,000	,000
	2001 bis 2500 dm	155	,000	,000	1,000	,000	,000
	2501 bis 3000 dm	46	,000	,000	,000	1,000	,000
	über 3000 DM	40	,000	,000	,000	,000	1,000
Alter in 5 Gruppen	18-22	141	,000	,000	,000	,000	
	23-27	169	1,000	,000	,000	,000	
	28-32	141	,000	1,000	,000	,000	
	33-37	76	,000	,000	1,000	,000	
	38-42	82	,000	,000	,000	1,000	
Häufigkeit Kirchenbesuch	Nie	140	,000	,000	,000	,000	
	Seltener	239	1,000	,000	,000	,000	
	Mehrmals im Jahr	147	,000	1,000	,000	,000	
	Ein- bis dreimal im Monat	43	,000	,000	1,000	,000	
	Ein bis mehrm. die Woche	40	,000	,000	,000	1,000	
Finanzielle Bewertung	schlecht	28	,000	,000	,000		
	bescheiden	108	1,000	,000	,000		
	zufriedenstellend	431	,000	1,000	,000		
	ausgezeichnet	42	,000	,000	1,000		
Bildung trichotom	niedrig	137	,000	,000			
	mittel	258	1,000	,000			
	hoch	214	,000	1,000			
Lebensform	lat	213	,000	,000			
	nel	184	1,000	,000			
	Ehe	212	,000	1,000			
Geschlecht	männlich	301	,000				
	weiblich	308	1,000				
[5>] Befragung findest statt in (ABL/NBL)	alten Bundesländer (inkl. Berlin/West)	578	,000				
	neuen Bundesländer (ink. l Berlin/Ost)	31	1,000				

Tabelle 29: Codierung der unabhängigen kategorialen Variablen

Zusammenfassung der Fallverarbeitung

Ungewichtete Fälle[a]		N	Prozent
Ausgewählte Fälle	Einbezogen in Analyse	609	45,8
	Fehlende Fälle	722	54,2
	Gesamt	1331	100,0
Nicht ausgewählte Fälle		0	,0
Gesamt		1331	100,0

a. Wenn die Gewichtung wirksam ist, finden Sie die Gesamtzahl der Fälle in der Klassifizierungstabelle.

Tabelle 30: Anzahl der in die Analyse eingeschlossenen Fälle nach Häufigkeiten und Prozent

Klassifizierungstabelle[a,b]

Beobachtet			Vorhergesagt: [258] Und wie ist es zukünftig? Möchten Sie Kinder? Ja	Nein	Prozentsatz der Richtigen
Schritt 0	[258] Und wie ist es zukünftig? Möchten Sie Kinder?	Ja	490	0	100,0
		Nein	119	0	,0
	Gesamtprozentsatz				80,5

a. Konstante in das Modell einbezogen.
b. Der Trennwert lautet ,500

Tabelle 31: Klassifizierungstabelle der beobachteten und richtig vorhergesagten Werte auf Basis der Konstanten

Klassifizierungstabelle[a]

Beobachtet			Vorhergesagt: [258] Und wie ist es zukünftig? Möchten Sie Kinder? Ja	Nein	Prozentsatz der Richtigen
Schritt 1	[258] Und wie ist es zukünftig? Möchten Sie Kinder?	Ja	466	24	95,1
		Nein	47	72	60,5
	Gesamtprozentsatz				88,3

a. Der Trennwert lautet ,500

Tabelle 35: Klassifizierungstabelle der beobachteten und richtig vorhergesagten Werte auf Basis der in die Gleichung eingebrachten erklärenden Variablen

Zusammenfassung der Fallverarbeitung

		Anzahl	Randprozentsatz
[259] Wann moechten Sie das erste Kind?	innerhalb der naechsten 2 Jahre	145	34,1%
	innerhalb der naechsten 4 Jahre	144	33,9%
	spaeter	136	32,0%
Alter dichotom	33-47	61	14,4%
	18-32	364	85,6%
Geschlecht	weiblich	213	50,1%
	männlich	212	49,9%
Lebensform	Ehe	133	31,3%
	nel	132	31,1%
	lat	160	37,6%
Bildung trichotom	hoch	170	40,0%
	mittel	169	39,8%
	niedrig	86	20,2%
Finanzielle Bewertung	ausgezeichnet	22	5,2%
	zufriedenstellend	307	72,2%
	bescheiden	76	17,9%
	schlecht	20	4,7%
Einkommen (Gruppiert)	über 3001 DM	23	5,4%
	2501 bis 3000 DM	30	7,1%
	2001 bis 2500 DM	102	24,0%
	1501 bis 2000 DM	128	30,1%
	1001 bis 1500 DM	83	19,5%
	bis 1000 DM	59	13,9%
Häufigkeit Kirchenbesuch	Ein bis mehrm. die Woche	27	6,4%
	Ein- bis dreimal im Monat	37	8,7%
	Mehrmals im Jahr	106	24,9%
	Seltener	158	37,2%
	Nie	97	22,8%
Gültig		425	100,0%
Fehlend		906	
Gesamt		1331	

Tabelle 41: Zusammenfassung der ins Modell eingegangenen Fallvariablen

Zusammenfassung der Fallverarbeitung

		Anzahl	Randprozentsatz
[259] Wann moechten Sie das e r s t e Kind?	innerhalb der naechsten 2 Jahre	145	34,1%
	innerhalb der naechsten 4 Jahre	144	33,9%
	spaeter	136	32,0%
Alter dichotom	33-47	61	14,4%
	18-32	364	85,6%
Geschlecht	weiblich	213	50,1%
	männlich	212	49,9%
Lebensform	Ehe	133	31,3%
	nel	132	31,1%
	lat	160	37,6%
Bildung trichotom	hoch	170	40,0%
	mittel	169	39,8%
	niedrig	86	20,2%
Einkommen (Gruppiert)	über 3001 DM	23	5,4%
	2501 bis 3000 DM	30	7,1%
	2001 bis 2500 DM	102	24,0%
	1501 bis 2000 DM	128	30,1%
	1001 bis 1500 DM	83	19,5%
	bis 1000 DM	59	13,9%
Häufigkeit Kirchenbesuch	Ein bis mehrm. die Woche	27	6,4%
	Ein- bis dreimal im Monat	37	8,7%
	Mehrmals im Jahr	106	24,9%
	Seltener	158	37,2%
	Nie	97	22,8%
Finanzielle Bewertung	zufriedenstellend/ausg.	329	77,4%
	schlecht/bescheiden	96	22,6%
Gültig		425	100,0%
Fehlend		906	
Gesamt		1331	

Tabelle 47: Zusammenfassung der ins Modell eingegangenen Fallvariablen

[sex=0]	1,363	,431	9,991	,002
[sex=1]	0[a]	.	.	.
[finbew2=0]	,403	,340	1,405	,236
[finbew2=1]	0[a]	.	.	.
[sex=0] * [finbew2=0]	-1,355	,485	7,822	,005
[sex=0] * [finbew2=1]	0[a]	.	.	.
[sex=1] * [finbew2=0]	0[a]	.	.	.
[sex=1] * [finbew2=1]	0[a]	.	.	.

Verknüpfungsfunktion: Logit.

a. Dieser Parameter wird auf Null gesetzt, weil er redundant ist.

Tabelle 53: Effektkoeffizienten bei geänderter Referenzkategorie

I. Tabellen-/ Abbildungsverzeichnis

Abbildungsverzeichnis

Seite

Tabellenverzeichnis

II. Syntaxverzeichnis

Syn.01:

```
if (f220 = 1) lebfor = 9.
if (f220 = 2) And (f40 = 1) lebfor = 3.
if (f220 = 2) And (f40 = 2) lebfor = 3.
if (f220 = 2) And (f40 = 3) lebfor = 9.
if (f220 = 2) And (f40 = 4) lebfor = 2.
if (f220 = 2) And (f40 = 5) lebfor = 1.
if (f220 = 2) And (f40 = 6) lebfor = 9.
if (f220 = 2) And (f40 = 7) lebfor = 2.
if (f220 = 2) And (f40 = 8) lebfor = 1.
if (f220 = 2) And (f40 = 9) lebfor = 9.
if (f220 = 2) And (f40 = 10) lebfor = 2.
if (f220 = 2) And (f40 = 11) lebfor = 1.
If (f40 = 12) lebfor = 9.
if (f220 = 2) And (f40 = 13) lebfor = 2.
if (f220 = 2) And (f40 = 14) lebfor = 1.
Execute.
```

Syn.02:

```
if (lebfor = 1) And (f60 < 43) fall = 1.
if (lebfor = 2) And (f60 < 43) fall = 1.
if (lebfor = 3) And (f60 < 43) fall = 1.
Execute.
FILTER OFF.
USE ALL.
SELECT IF(fall = 1).
EXECUTE.
```

Syn.03:

```
RECODE f60 (18 thru 22=1) (23 thru 27=2) (28 thru 32=3)
```

```
(33 thru 37=4) (38 thru 42=5) INTO alter.
EXECUTE .
```

Syn.04:
```
RECODE f2740001 (1=1) (2 thru 3=2) (4=3) (5=4) (6=5) (7=6) INTO Einkgr.
EXECUTE.
```

Syn.05:
```
RECODE f1050 (1=4)  (2=3)  (3=2)  (4 thru 5=1)  INTO  finbew.
EXECUTE.
```

Syn.06:
```
RECODE f555 (3=2) (1 thru 2=1) (4 thru 5=3) (ELSE=Copy) INTO
bild. EXECUTE.
```

Syn.07:
```
RECODE f1156b (1=5) (2=4) (3=3) (4=2) (5=1) (ELSE=Copy) INTO
f1156br . EXECUTE .
```

Syn.08:
```
RECODE f1156c (1=5) (2=4) (3=3) (4=2) (5=1) (ELSE=Copy) INTO
f1156cr . EXECUTE .
```

Syn.09:
```
COMPUTE kontr = MEAN.5 (f1156cr, f1156br, f1156d, f1156e,
f1156f). EXECUTE .
```

Syn.10:
```
RECODE f917 (6=1) (5=2) (4=3) (3=4) (2=5) (1=6) (ELSE=Copy)
INTO f917r. EXECUTE .
```

Syn.11:
```
RECODE f917r (5 thru 6=5) (ELSE=Copy) INTO Kirche .
EXECUTE.
```

Syn.12:
```
RECODE v32b (21 thru 25.5=1) (26 thru 30=2) (31 thru 36=3) INTO
eltstud. EXECUTE .
```

Syn.13:
```
RECODE f51 (1=0) (2=1) INTO Sex.
EXECUTE.
```

Syn.14:
```
RECODE finbew (1 thru 2=1) (3 thru 4=0) INTO finbew2.
EXECUTE.
```

Syn.15:
```
COMPUTE f910cM=f910c – 3.55.
EXECUTE.
COMPUTE f910bM=f910b – 3.7877.
EXECUTE.
COMPUTE kontrM=kontr – 2.50.
EXECUTE.
```

Syn.16:
```
RECODE v32b (99=40) (SYSMIS=40) (ELSE=Copy) INTO Intk.
EXECUTE.
```

Syn.17:
```
if (intk = 40) statk = 0.
if (intk < 40) statk = 1.
execute.
```

III. Literaturverzeichnis

Ajzen, Icek (1991): The Theory of Planned Behavior. In: Organizational Behavior and Human Decision Processes. Jg.50, S.179-211.

Albert, Bernhard (2003): Zeit für Zukunft: Vom Einfluss der Zeitvorstellungen und der gesellschaftlichen Zeitorganisation auf Zukunftsvorstellungen und Lebensperspektiven. Dissertation. Frankfurt am Main: Johann Wolfgang Goethe-Universität.

Berghaus, Margot (2004): Luhmann leicht gemacht. 2. Auflage. Köln: Böhlau Verlag.

Bernardi, Laura et. al. (2006): Freunde, Familie und das eigene Leben. Zum Einfluss sozialer Netzwerke auf die Lebens- und Familienplanung junger Erwachsener in Lübeck und Rostock. In: Hollstein, Bettina & Straus, Florian (Hrsg.) (2006): Qualitative Netzwerkanalyse – Konzepte, Methoden, Anwendungen. Wiesbaden: VS-Verlag, S. 359-390.

Bernhard, Sarah & Kurz, Karin (2007): Familie und Arbeitsmarkt – Eine Längsschnittstudie zum Einfluss beruflicher Unsicherheiten auf die Familienerweiterung. In: IAB Discussion Papers. 10/2007. Nürnberg: Institut für Arbeitsmarkt- und Berufsforschung der Bundesagentur für Arbeit.

Bonß, Wolfgang (2004): Biographische Sicherheit. In: Beck, Ulrich & Lau, Christoph (Hrsg.) (2004): Entgrenzung und Entscheidung: Was ist neu an der Theorie Reflexiver Modernisierung? Frankfurt a.M.: Suhrkamp, S.211-233.

Bonß, Wolfgang (2006): Geleitwort. In: Pelizäus-Hoffmeister, Helga (2006): Biographische Sicherheit im Wandel? Wiesbaden: Deutscher Universitäts-Verlag, S.V-VIII.

Brentano, Lujo (1909): Die Multhussche Lehre und die Bevölkerungsbewegung der letzten Dezennien. Abhandlung der historischen Klasse der Königlichen Bayerischen Akademie der Wissenschaften, Bd.24, S.567-625.

Brose, Nicole (2008): Entscheidung unter Unsicherheit – Familiengründung und -erweiterung im Erwerbsverlauf. In: Kölner Zeitschrift für Soziologie und Sozialforschung, Jg. 60, Heft 1, S. 30-52.

Brüderl, C. (2004); Pluralisierung partnerschaftlicher Lebensformen in Westdeutschland und Europa. In: Politik und Zeitgeschichte, Jg.19, S.3-10.

Borchardt, Anke & Stöbel-Richter, Yve (2004): Die Genese des Kinderwunsches bei Paaren – eine qualitative Studie. In: BiB 114/2004: Materialen zur Bevölkerungswissenschaft. Wiesbaden: Bundesinstitut für Bevölkerungsforschung.

Birg, Herwig (1992): Differentielle Reproduktion aus der Sicht der biographischen Theorie der Fertilität. In: Voland, Eckart (Hrsg.) (1992): Fortpflanzung: Natur und Kultur im Wechselspiel. Frankfurt am Main: Suhrkamp, S.189-215.

Burkart, Günter (1994): Die Entscheidung zur Elternschaft: eine empirische Kritik von Individualisierungs- und Rational-Choice-Theorien. Stuttgart: Enke Verlag.

Bundeszentrale für gesundheitliche Aufklärung (Hrsg.): Frauen leben: Eine Studie zu Lebensläufen und Familienplanung. Kurzfassung. Köln: BZgA, S.1-32.

Bühl, Achim & Zöfel, Peter (2002): SPSS 11: Einführung in die moderne Datenanalyse unter Windows. 8.Auflage. München: Person-Studium, S.351-377.

Dyckman, Thomas R.; Smidt, Seymour; MaCAdams, Alan K. (1969): Managment decision making under uncertainty: An Introduktion to Probability and Statistical Decision Theory. London: The MACMILLIAN Company, S.1-43.

Eckhard, Jan & Klein, Thomas (2006): Männer, Kinderwunsch und generatives Verhalten. Wiesbaden: VS-Verlag.

Forgas, J.P. (1999): Soziale Interaktion und Kommunikation. 4.Auflage. Weinheim: Psychologische Verlags Union.

Friedman, Debra; Hechter, Michael & Kanazawa, Satoshi (1994): A Theory of the Value of Children. In: Demography, Jg. 31, Heft 3, S.375-401.

Gronemeyer, M. (1996): Das Leben als letzte Gelegenheit. 2. Auflage. Wissenschaftliche Buchgesellschaft: Darmstadt.

Günther, Dirk (2002): Armutsrisiko Elternschaft? In: Schneider, Norbert F. & Matthias-Bleck, Heike (Hrsg.) (2002): Elternschaft heute. Opladen: Leske+Budrich, S.251-265.

Hank, Karsten & Tölke, Angelika (2005): Männer – Das „vernachlässigte" Geschlecht in der Familienforschung. In: Tölke, Angelika & Hank, Karsten (Hrsg.) (2005): Männer – Das „vernachlässigte" Geschlecht in der Familienforschung. Wiesbaden: VS-Verlag, S.7-17.

Held, Martin (2002): Zeitwohlstand und Zeitalokation. In: Rinderspracher, Jürgen P. (Hrsg.) (2002): Zeit Wohlstand. Berlin: edition sigma, S.9-36.

Hill, Paul B. & Kopp, Johannes (2006): Familien-Soziologie. Grundlagen und theoretische Perspektiven. 4. Auflage. Wiesbaden: VS Verlag für Sozialwissenschaften.

Huinink, Johannes (1995): Warum noch Familie? Zur Attraktivität von Partnerschaft und Elternschaft in unserer Gesellschaft. Frankfurt/NewYork: Campus Verlag, S.249-294.

Huinink, Johannes (2001): Entscheidungs- und Vereinbarkeitsprobleme bei der Wahl familialer Lebensformen. In: Huinink, Johannes; Strohmeyer, Klaus-Peter & Wagner, Michael (Hrsg.) (2001): Familie und Gesellschaft: Solidarität in Partnerschaft und Familie. Band 7. Würzburg: Ergonverlag, S.145-165.

Huinink, Johannes & Konietzka, Dirk (2007): Familien-Soziologie. Eine Einführung. Frankfurt/New York: Campus Verlag.

Keim, Sylvia; Klärner, Andreas & Bernardi, Laura (2009): Qualifying Social Influence on Fertility Intentions : Composition, Structure and Meaning of Fertility-relevant Social Networks in Western Germany. In: Current Sociology, Jg. 57, Heft 6, S.888-907.

Klein, Thomas (2003): Die Geburt von Kindern in paarbezogener Perspektive. In: Zeitschrift für Soziologie, Jg. 32, Heft 6. Stuttgart: Lucius & Lucius Verlag, S. 506-527.

Kreyenfeld, Michaela (2002): Time-squeeze, partner effect or selfselection? An investigation into the positive effect of women's education on second birth risks in West Germany. In: Demographic Research. Jg.7, Art. 2, S.15-48.

Kreyenfeld, Michaela (2008): Ökonomische Unsicherheit und der Aufschub der Familiengründung. In: Szydlik, Marc (2008): Flexibilisierung: Folgen für Arbeit und Familie. Wiesbaden: VS-Verlag, S.232-254.

Kreyenfeld, Michaela & Konietzka, Dirk (2007): Die Analyse von Kinderlosigkeit in Deutschland: Dimensionen - Daten - Probleme. In: Konietzka, Dirk & Kreyenfeld, Michaela (Hrsg.): Ein Leben ohne Kinder: Kinderlosigkeit in Deutschland. Wiesbaden: VS-Verlag, S.11-44.

Kreyenfeld, Michaela & Konietzka, Dirk (2008): Wandel der Geburten- und Familienentwicklung in West- und Ostdeutschland. In: Schneider, Norbert F. (Hrsg.) (2008): Lehrbuch Moderne Familiensoziologie. Opladen & Farmington Hills: Verlag Barbara Budrich, S.121-138.

Kühn, Thomas (2004): Berufsbiographie und Familiengründung. Wiesbaden: VS-Verlag, S.198-303.

Kühn,Thomas (2005): Die Bedeutung von Familiengründung für die Biografiegestaltung junger Männer. In: Tölke, Angelika & Hank, Karsten (Hrsg.) (2005): Männer – Das „vernachlässigte" Geschlecht in der Familienforschung. Wiesbaden: VS-Verlag, S.127-151.

Marbach, J.H. & Tölke, A. (2007): Frauen, Männer und Familie Lebensorientierung, Kinderwunsch und Vaterrolle. In: Kreyenfeld, M. & Konietzka, Dirk (2007): Ein Leben ohne Kinder. Kinderlosigkeit in Deutschland. Wiesbaden: VS-Verlag, S.245-274.

Maul, Katharina (2007): Kinder? Vielleicht irgendwann… – Das Timing von Familiengründungen im Lebenslauf in Abhängigkeit vom Bildungsniveau. Saarbrücken: VDM Verlag Dr. Müller, S.1-34.

Mikrozensus 2008: Neue Daten zur Kinderlosigkeit in Deutschland. Wiesbaden: Statistisches Bundesamt.

Nauck, Bernhard (2001): Der Wert von Kindern für ihre Eltern. In: Kölner Zeitschrift für Soziologie und Sozialpsychologie. Jg. 53, Heft 3, S. 407–435.

Onnen-Isemann, Corinna (2003): Kinderlose Partnerschaften. In: Bien, Walter & Marbach, Jan H. (Hrsg.): Partnerschaft und Familiengründung – Ergebnisse der dritten Welle des Familien-Survey. Opladen: Leske+Budrich, S.95-140.

Onnen-Isemann, Corinna (2008): Der Kinderwunsch als Kampf zwischen Realität und Idealen – Analysen und Überlegungen anhand der Daten des DJI-Familiensurvey. In: Walter Bien · Jan H. Marbach (Hrsg.): Familiale Beziehungen, Familienalltag und soziale Netzwerke. Wiesbaden: VS-Verlag, S.119-146.

Pelizäus-Hoffmeister, Helga (2006): Biographische Sicherheit im Wandel? Wiesbaden: Deutscher Universitäts-Verlag.

Peuckert, Rüdiger (2005): Familienformen im sozialen Wandel. 6. Auflage. Wiesbaden: VS-Verlag, S.119-156.

Peuckert, Rüdiger (2008): Familienformen im sozialen Wandel. 7. Auflage. Wiesbaden: VS-Verlag, S.229-283.

Robinson, Warren C. (1997): The Economic Theory of Fertility Over Three Decades. In: Population Studies, Jg.51, Heft 1, S.63-74.

Rumianek, Dorothea (1985): Sozialwissenschaftliche Aspekte der Entscheidungstheorie. Bielefeld: Universität Bielefeld, S.1-86.

Scheuch, Ute u.a. (1987): China und Indien, Eine soziologische Landvermessung. Osnabrück: Fromm.

Schlor, Andrea (1990): Konfuzianismus. In: Gerstlacher, Anna; Miosga, Margit u.a. (Hrsg.): China der Frauen. München: Frauenoffensive-Verlag, S.32-38.

Schneider, Wolfgang Ludwig (2009): Grundlagen der Soziologischen Theorien: Band 2: Garfinkel – RC – Habermas – Luhmann. Wiesbaden: VS-Verlag, S.83-183.

Schröder, Torsten (2007): Geplante Kinderlosigkeit? Ein lebensverlaufs-theoretisches Entscheidungsmodell. In: Konietzka, Dirk & Kreyenfeld, Michaela (Hrsg.): Ein Leben ohne Kinder. Wiesbaden: VS-Verlag, S.365-400.

Stöbel-Richter, Yve (2000): Kinderwunsch als Intention. Zur Relevanz persönlicher und gesellschaftlicher Kinderwunschmotive als Prädiktoren des aktuellen Kinderwunsches. Universität Leipzig.

Thomas Alexander (1992): Grundriß der Sozialpsychologie. Göttingen: Hogrefe Verlag für Psychologie.

Thormann, C. (1980): Gruppe und Kollektiv. In: Hiebsch, H. & Vorweg, M. (Hrsg.), Sozialpsychologie. 2. Edition. Berlin: VEB Deutscher Verlag der Wissenschaften, S.56-59.

Vaskovics, L.A. & Rupp, M. (1995): Partnerschaftskarrieren: Entwicklung nichtehelicher Lebensgemeinschaften. Opladen: Westdeutscher Verlag, S.11-25.

Wagner, Michael & Wolf, Christof (2001): Altern, Familie und das soziale Netzwerk. In: Zeitschrift für Erziehungswissenschaft, Jg.4, Heft 4, S.529-554.

Weymann, Ansgar (2003a): The Life Course, Institutions, and Life-Corse Policy. In: Heinz, Walter & Marshall, Victor W.: Social Dynamics of the Life Course. Transitions, Institutions, and Interrelations. New York: deGruyter, S.167-192.

Witte, E.H. (1987): Konformität. In: Frey, D. & Greif, S. (Hrsg.): Sozialpsychologie – Ein Handbuch in Schlüsselbegriffen. 2.Auflage. München-Weinheim: Psychologische Verlags Union, S.209-213.

Wohlrab-Sahr, Monika (1993): Biographische Unsicherheit; Biographie und Gesellschaft. Opladen: Leks+Budrich, S.17-64.

Zinn, Jens O. (2006): "Biographical Certainty" in Reflexive Modernity. Canterbury: University of Kent/ SCARR, S.1-8.